기획 참여연대

좋은 세상 만들기, 나 혼자의 힘으로는 어렵겠지요. 참여연대의 출발은 '함께'에 있습니다. 자유와 정의, 인권과 복지가 바르게 실현되는 사회. 이런 세상을 우리는 '참여민주사회'라고 부릅니다. 우리가 살고 싶은 사회를 향해, 각계각층 남녀노소의 시민들이 모여 만든 단체가 참여연대입니다. 1994년 9월 10일, 500여 명의 시민들이 참여연대를 창립했습니다. 서울 용산과 안국동 시절을 거쳐 현재는 종로구 통인동에 둥지를 틀었습니다. 참여연대의 창립 취지에 맞게, 15년을 한결같이 시민의 입장에서 우리 사회의 모순을 지적하고 대안을 만들기 위해 노력해 왔습니다. 시민을 괴롭히는 권력에 대해서는 맞서 싸우고, 서민과 약자를 감싸는 울타리가 되고자 했습니다. 그렇게 참여연대는 한국사회의 대표적인 시민단체로 성장했습니다. 참여연대의 살림살이는 시민 참여로 꾸려집니다. 참여연대 운영비는 회원과 시민의 십시일반 후원에서 나옵니다. 정부지원금 0%인 시민 참여형 재정 구조를 갖고 있기에 권력에 대한 독립과 감시를 수행할 수 있었습니다. 또한 다양한 회원 행사와 시민 교육, 자원 활동 등, 늘 회원과 시민에게 열린 시민운동의 현장이 될 수 있도록 힘쓰고 있습니다.

떼법은 없다

: 벼랑 끝에 몰린 법치와 인권 구하기

해피스토리

법이 지켜주어야 할
소중한 것들을
기억하며

'떼법'은 없다. '떼법'이 통하는 나라가 어디 있으랴. 만일 대한민
국에서 '떼법'이 통한다면 더 이상 법치국가도 민주국가도 아니
다. 그런 점에서 '떼법문화'를 청산해야 한다는 이명박 정부의 말
이 그르지는 않다. 문제는 시민들이 군집하여 제발 자신들의 주장
을 들어달라고 외치는 소리를 '떼법'으로 폄하하는 사람들이 있다
는 사실이다. 억눌린 대중의 하소연과 답답한 군중의 함성을 '떼
법'이자 '불법'으로 낙인찍는 세력이 있다는 사실이다. 더욱 더 답
답한 것은 대통령과 법무부장관처럼 하루가 멀다 하고 법치法治를
강조하는 분들이 그런 인식을 갖고 있다는 점이다.

국민으로서 당연시되는 기본권행사를 필벌必罰의 대상으로 형사범죄화하는 순간 그들은 숨도 쉴 수 없고 그저 쏟아지는 비난을 뒤집어 쓸 수밖에 없다. 더 이상 보호받아야 할 우리 국민이 아닌 것처럼 내팽개쳐진다. 용산참사에서 보듯이 누가 죽어나도 눈 하나 꿈쩍하지 않는다. 이것이 '법대로', '법치'를 외치며 휘두르는 공권력에 한마디 저항도 못하는 힘없는 서민들의 서글픈 모습이다.

지난 1년이 그랬다. 무리지어 정부정책에 비판의 목소리를 드높이면 진압과 처벌의 대상이 되었다. 권위주의를 청산하고 법이 정치적 지배의 도구나 기득권 옹호 장치로 쓰였던 시대를 한참 지났다고 생각했는데 마치 움츠리고 있던 용수철처럼 순식간에 과거로 회귀하고 있다. 공권력 강화, 공안, 집회시위의 과도한 제한, 의사표현의 자유 제한, 감시와 통제의 강화 등 민주화 이전의 일상으로 되돌아가는 느낌이다. 그동안 정치적 투쟁의 산물이며 피와 눈물로 쌓아온 헌법적 가치인 인권, 인간의 존엄, 법치, 민주, 자유, 정의, 평화 등등의 개념이 뒷전으로 밀려날 위기다. 민주시민에게 돌려주었던 정치, 문화, 사회, 경제와 법이 일부 계층의 소유물로 되돌려질 판이다. 법과 공권력이 정권유지의 도구로 전락할 위기 다.

국가와 사회의 안전과 질서를 위해 개인의 인권쯤이야 희생되어도 좋다는 전체주의적 사고가 망령처럼 되살아나고 있다. 정치세계의 전면에 등장한 시민을 자꾸 법이라는 이름으로 광장에서 쫓아내려는 상황이다. 다시 법이 지배의 도구로 재편되고 시민의 지배자로 군림하려 한다. 정의와 자유를 추구 보장하는 법보다는 질서와 안정을 추구하는 법이 우선시되는 분위기다. 그런 법과 법집행 앞에서 사회적 약자는 한없이 작아질 수밖에 없다.

그래도 작으나마 간간이 목소리를 낼 수 있었다. 참여연대에서 사법감시, 공익법, 인권분야에서 활동하고 있는 일곱 사람들이 이러 저러한 언론매체에 올린 쓴소리를 함께 모아 뜨거운 함성으로 울리고자 한다. 그 함성이 벽에 부딪쳐 메아리로 되돌아올지언정, 산성을 넘지 못하고 사그라질지언정 그러지 않고는 답답한 마음을 달랠 수 없었다.

아울러 지난 1년 동안 벌어진 법치와 인권을 둘러싼 갈등과 왜곡에 대한 따끔한 지적에 국한하지 않고 민주사법을 위한 사법개혁의 이슈를 다룬 글들도 포함시켰다. 이명박 정부의 남은 4년 앞에 우리의 함성이 헛되지 않기를 소망하면서.

필자 일곱 명을 대신하여
하태훈

목 차

1부 이명박 정부의 법치와 인권

1장
법치의 종말과
위기의 검찰

法治.人權

2장
그들의 '헛짓'에
저항하라

목 차

2부　　　 민주사법을 위한 한걸음

1장
누가 대법원장이
될 것인가

2장
사법시스템의
대전환이 다가왔다

民主司法

法治·人

이명박 정부의
법치와 인권

權

1장 법치의 종말과 위기의 검찰

'떼법'은 없다

한상희

천하에 '떼법'은 없다. 억눌린 대중의 하소연이 있고 답답한 군중의 함성이 있을 뿐 떼법은 없다. 자유와 민주가 귀하게 여겨지는 사회라면 말이다. 아니, 적어도 폭압의 과거사를 조금이라도 반성할 줄 아는 사회라면 그런 조악한 언어폭력은 남세스러워서라도 더이상 하지 못한다.

그러나 문명을 말하고 선진화를 내세우는 새 정부는 공공연히 퇴행의 길을 선택한다. 법무부는 '떼법문화'를 청산하고 '법질서 확립과 경제 살리기'를 선언하는 업무계획을 발표하였다. 이명박 대통령은 한술 더 떠 떼법이 없으면 GDP가 1%는 상승할 것이라고 맞장구친다. 그래서 이 나라는 국민의 외침을 떼쓰는 것으로 폄하하고 그들의 아픔을 애써 외면하는 패악의 국가로 전락하고 만다.

물론 제2의 'IMF 위기'까지 거론되는 이 어려운 시기에 법질서도 중요하고 경제 살리기도 필요하다. 하지만, 사람이 있고 질서가 있으며 민생이 있고 경제가 있는 법이다. 억울함을 탄원하는 목소리를 떼잡이로 호도하고 민원을 호소하는 사람들을 떼꾼으로 몰아 두들겨 잡으면서 구축하는 법질서가 무슨 의미를 가질 것이며, 그렇게 서민들만의 고통에 빌붙어 회생되는 경제라는 것이 무슨 가치가 있을까.

소위 '불법'시위에 대해 '능동적 검찰권'을 행사하고 형사재판 절차에서 손해배상 책임까지 물리겠다는 발상은 단적인 예다. 애초부터 집회와 시위를 사회악으로 간주하는 현행 집시법은 경찰이 마음만 먹으면 어떤 집회·시위도 불법으로 규정할 수 있게 만들어 놓았다. 여기에 검찰까지 나서서 능동적 검찰권을 행사하여 집회·시위자들을 형벌로 처단하고, 그것도 모자라 손해배상이라는 경제적 형벌까지 가중하겠다고 나선다.

헌법이 보장하는 집회·시위의 자유이든 노동3권의 발현이든 일단 대중이 하나의 목소리로 거리에 나서기만 하면 떼법의 오명을 뒤집어씌우며 불법·폭력시위로 규정하고 무자비한 진압과 형사처벌, 경제적·사회적 매장의 수순을 밟아내고자 하는 것이다.

시위진압 경찰에게 면책권을 부여하겠다는 발상은 더욱 가당찮다. 우리 경찰은 폴리스라인의 설정기준은 무엇이며 그것의 위반 여부는 어떻게 판단하며, 위반자는 어떤 절차와 방식으로 제재하며, 집회·시위의 안전 보장에 필요한 재량권은 어떻게 행사되어야 하는지 등에 대한 구체적이고도 일반화된 매뉴얼조차 제대로 갖추지 못하고 있다.

오로지 그때그때 자의적이고 직관적인 판단에 의존하여 집회와

시위를 통제하는 셈이다. 면책권 논의가 폭력이 되는 것은 이 지점에서이다. 경찰의 이런 후진성이 새 정부의 초입에서 야경국가의 악몽을 되살리게 하는 것이다.

이 지경이 되면 새 정부의 떼법론은 거의 점령군이 내리는 포고령 수준이 된다. 역사적으로 정치와 사회의 진보는 하나같이 길거리에 나선 민중의 힘에 의해 이루어졌다. 하지만 새 정부는 민중의 권력이 터잡게 되는 유일한 공간인 길거리의 정치를 소거하고자 한다. 자유민주주의 국가에서는 집회와 시위라고 이름 짓는 바로 그 대중의 열정을 떼법문화로 비아냥거리며, 문명사회에서는 인권이라는 최고의 의미를 부여하는 그 다중의 목소리들을 불법시위로 오도하고, 신자유주의가 극에 달한 미국에서조차 최고의 가치로서 보호하는 길거리 정치를 형사처벌과 사회적 매장의 대상으로 삼아 처단하고자 하는 것이다.

그래서 한국의 정치는 또다시 야만의 국면으로 회귀한다. 경제개발이라는 장밋빛 환상을 내세우며 억압을 일상화하였던 과거 권위주의 정권의 폭압이 이제 '경제 살리기'라는 이름으로 되살아나고 있는 것이다. 민주화를 자랑하던 이 대명천지의 한국땅에서 말이다.

〈서울신문〉 2008. 3. 22

법치의 종말

한상희

한국의 법치는 이제 종말을 앞두고 있다. 이명박 정부가 처음부터 내세우던 '법치확립'이라는 슬로건은 되레 법치 그 자체를 말살한다. 미국산 쇠고기 문제에서부터 경제인 대량 사면에 이르기까지, 인터넷 통제에서부터 무차별적인 시위자 연행에 이르기까지, 기관장 싹쓸이에서부터 언론장악 시도에 이르기까지 천박한 사이비 법치의 담론만이 횡행하면서 이 땅의 법치를 고사시키고 있는 것이다.

　법치의 본질은 법을 통해 정부권력을 통제하고 이를 통해 권력으로부터 국민의 자유와 권리를 보호함에 있다. 실제 '법치의 확립'이란 말은 정부가 국민에게 요구할 수 있는 그 어떤 것이 아니다. 문명사회에서의 그것은 국민에게 준법정신을 강요하는 것과는 관련이 별로 없다. 오히려 그것은 국민이 정부에 대하여 내리는 엄중한 명령이다. 권력이 남용되지 않도록 국민들이 법률을 만들고 이 법률로써 정부를 견제하고 통제하는 것이 바로 법치의 실체이다.

하지만 이명박 정부는 이런 법치를 전혀 알지 못한다. 그들의 법은 무소불위의 권력을 만들어내고 그것을 뜻대로 휘두르는 통로이자 수단으로만 존재할 뿐이다. 그래서 그들의 법전에는 오로지 권한의 법만이 담겨져 있다. 농식품부 장관은 미국산 쇠고기 검역조건을 정할 권한이 있고, 경찰청장은 시위자들을 연행할 권한이 있고, 대통령은 KBS 사장을 해임하고 부정한 경제인들을 사면할 권한이 있다. 그 권한의 상층에 존재하는 헌법가치나 인권이념, 민주주의 혹은 정의의 원칙들은 하나같이 뒷전으로 밀려난다. 현대 문명사회가 진정으로 소중히 여기는 그 어떠한 법명제들도 그들의 법전에서는 군더더기에 지나지 않는다. 이에 이명박 정부의 법치는 복수심에 눈 먼 샤일록의 법을 넘어서지 못한다. 법은 국민 위에 군림하고 국민을 지배하기 위한 수단에 불과할 뿐, 그 어떠한 경우에도 스스로 복종해야 하는 상위의 규범이라는 의식은 전혀 가지지 못한다. 어쩌면 그들에게 있어 법이란 자의적 권력을 행사하는 방법 중의 하나 정도로만 치부되고 있을지도 모른다.

최근 정치성을 띤 사건에 언제나 검찰이 나서는 것은 그 예가 된다. 과거 군사정부에서처럼, 정치적 반대 세력을 억압하고 대중의 정치참여를 차단하는 역할을 형사사법권을 장악한 검찰이 도맡아 나선다. 이명박 정부의 언론장악 시도는 검찰의 비리수사 수준에서 은폐되어 버린다. 국민주권을 향한 촛불집회의 함성은 도로교통법 위반과 집시법 위반이라는 형사법의 문제로 왜곡된다. 전세계를 놀라게 했던 사이버민주주의는 명예훼손과 불온표현이라는 범죄의 수준에서 조롱된다. 정치의 문제가 형사법의 수준으로 왜곡되고 이를 정치검찰과 정치사법이 뒤처리하는 과거의 전철이 민주화를 외치는 이 순간에도 새삼 반복되고 있다. 법의 이름으로 폭력을 행사하고 법치를 내세우며 무소불위의 정치권력을 정당화하고 있는 것이다. "우리가 맨 먼저 해야 할 일은 법률가들을 모조리 죽여버리는 일이다." 셰익스피어는 백년전쟁에 시달리다 결국 봉기하고 나선 농민들의 입을 빌려 이렇게 말한다. 실제 그 농민들이 죽이고 싶었던 것은 법률가가 아니라 법의 탈을 쓰고 자신을 수탈하던 지방의 세도가들이다. 법에 봉사하는 '법의 관리'가 아니라 법 위에 군림하며 법을 수단으로만 여겼던 정치배들이 그 저항의 대상이었던 것이다. 아! 이미 엉클어져버린 한국의 법치는 셰익스피어조차 금서목록에 올려버릴까.

〈경향신문〉 2008. 8. 23

법치주의의 위기

• 김창록

촛불집회는 많은 장면들을 대한민국의 역사에 새기고 있지만, 그 중 빠뜨릴 수 없는 장면 하나가 바로 '관계장관 담화'이다. 지난 6월 29일, 이른바 관계장관들이 좌우에 늘어선 가운데, 법무부 장관이 "엄정하고 단호"한 법집행을 강조하는 모습이 TV화면을 장식했다.

그런데 이것은 7080에게는 매우 낯익은 '추억의 장면'이다. 지난 20년 동안은 보기 어려웠던, 하지만 그 이전의 권위주의정권 시절에는 자주 접했던 바로 그 장면이다. 훗날 내란목적살인 등으로 '법의 심판'을 받은 그 시절의 대통령이 TV에 나와 거듭 강조한 것도 다름 아닌 '법대로'였다.

하지만 그 '법대로'의 시대는, 거리를 지나가는 국민들의 가방을 경찰이 일상적으로 뒤지고, 정부를 비판하는 일체의 목소리를 검찰이 수사하고, 검찰이 청구한 영장을 법원이 기계적으로 발부했던 시대, 국가기관이 나서서 국민들을 감시하고 때리고 심지어 죽음으로 몰아넣기까지 했던 시대이다. 헌법은 '새법'의 반대말이고, 사법부는 '생법부'의 반대말이라며 법이 야유를 받았던 시대, "국민의 검찰"보다는 '권력의 시녀'가 "민중의 지팡이"보다는 '민중의 몽둥이'가 더 설득력을 가졌던 시대이다. 그래서 그 시절을 '법치주의의 시대'라고 평가하는 법학자는 없다.

지난 20년 동안의 변화 속에서, 특히 검찰과 경찰은 그 어둠의 시대를 벗어난 듯이 보였다. 검찰의 정치적 중립성을 확보하기 위해 검찰총장 임기제가 도입되고, 현직 검사의 청와대 파견이 금지되고, 비록 그 공과에 대해서는 논란이 있지만 정치적으로 민감한 사안에서는 특별검사도 임명되었다. 심지어 대통령으로 하여금 "이쯤 되면 막 가자는 거지요"라고 되받게 만들 정도로 젊은 검사들이 '기개'를 발휘한 일까지 있었다. 또한 경찰도 그물창을 걷어내고, 포돌이를 만들고, 과거사진상규명위원회를 설치하여 과거의 잘못을 털어내는 노력까지 기울였다. 그래서 지난 정부 말에 이르러서는 검찰과 경찰을 그 어두운 과거와 연결지워 비판하는 목소리는 거의 들리지 않게 되었다. 법은 조용하면서도 친근하게 국민들 옆에 자리 잡았고, 그래서 헌법 제1조는 법전에서 솟아나와 노래가 되었다.

그런데 이 정부에 들어서 법집행기관의 공정성을 의심하게 하는 일들이 끊이지 않고 있다. 촛불을 든 국민들에 대한 과잉진압으로 국제인권단체의 조사대상이 되는 '굴욕'을 감수해야 했던 경찰은 지난 정부 내내 일상적으로 넘실댔던 '정권퇴진'이라는 똑같은 구호를 외쳤다는 이유로 일반 국민들은 물론이고 종교인들까지도 사법처리하겠다고 나섰다. 미국에서는 일상적으로 이루어지는 신문광고주 불매운동에 대해서는 대규모 수사팀까지 꾸려 중범죄수사에나 사용되는 출국금지조치를 남발하는 검찰이 그 신문의 부수 조작에 대해서는 꿀먹은 벙어리이다. 미국 쇠고기 수입을 비판한 방송 보도에 대해서는 취재 원본까지 내놓으라고 채근하면서, 미국 쇠고기를 선전하기 위해 사진을 조작한 신문 보도에 대해서는 나몰라라 한다. 그래서 응답자의 60% 이상이 "정치검찰이라는 비판에 공감"한다고 대답한 여론조사 결과까지 발표되는 지경이다.

법치주의는 법에 따라 삶을 꾸려가는 것이다. 변덕스러워 믿기 어려운 사람보다는 명확하여 예측할 수 있게 해주는 법에 의지해야 보다 행복해질 수 있다는 인류의 오랜 경험에서 우러나온 지혜가 만들어낸 원리이다. 그래서 법에 따라야 하는 것은 국민들보다는 그 국민들의 행복을 지켜야 할 의무가 있는 국가기관, 그 중에서도 특히 법집행기관이다. 그리고 그 법집행기관이 따라야 할 법의 핵심이 '같은 것은 같게, 같지 않은 것은 같지 않게 다루라'라는 요청이다.

법집행기관이 법에 따르지 않을 때, 같은 것을 다르게 다루면서 '법대로'를 외칠 때, 그때야말로 법치주의의 위기이다. 행복은 가져다주지 않으면서 무서운 얼굴로 으르대기만 하는 법에 대해 국민들은 등을 돌리게 된다. 그 국민들을 다시 돌아서게 만드는 데 20년이

라는 긴 세월이 걸렸다. 그 20년 동안의 노력을 단 5개월 만에 물거
품으로 돌리려 하는가?

〈매일신문〉 2008. 7. 29

악법은 가라, 시민 불복종이 정의다

● 하태훈

지금 정국은 경찰력과 물대포만이 청와대를 힘겹게 지키는 형국이다. 권력이 위태로워질까 두려워 안간힘을 다해 막는다는 느낌마저 든다. 들불처럼 타오르는 민심을 잠재우기에는 역부족인 물대포가, 다연발 최루탄 발사기로 연명한 군사독재 시절로 시간을 되돌린다.

이명박 정부는 촛불문화제가 열리자 이를 불법 집회로 간주하고 강경대응을 선포했다. 의사표현 방식의 하나로 촛불을 들고 광장에 모여든 것인데도, 정부는 이를 정권 투쟁으로, 그리고 진압 대상으로 보았다. 소통하자는 시민을 향해 마치 적군을 무찌르듯 '돌격 앞으로'를 외치면서 (물)대포를 쏘아대고 방패로 찍어 내렸다.

그런데도 집회와 시위는 이에 아랑곳하지 않고 한 달째 계속된다. 시민불복종 운동으로 이어지고 있다. 불의의 법인 실정법보다 정의의 자연법이 설득력을 얻는 것이다. 청와대와 경찰 지휘부는 실정법을 들먹이며 법질서 준수를 물리력으로 강요하지만, 악법으로 낙인 찍힌 '집회 및 시위에 관한 법률'(집시법)의 야간집회 금지 규정은 정당성을 잃은 지 오래다. 시민의 이성과 감정에는 집회·시위의 자유와 의사표현의 자유를 과도하게 제한하는 집시법이 이미 악법으로 자리 잡았다.

시민불복종 운동은 민주적 법치국가 체계에서 어떤 의미를 가질까. 시민불복종이란 자기 양심에 비춰 옳지 않다고 판단되는 법률이나 정부 정책에 대해 법을 어겨서라도 저항한다는 사상과 행동을 가리킨다. 불의의 법률이 존재한다면 우리는 그 법이 개정되거나 헌법재판소에 의해 위헌으로 판단될 때까지 그것을 준수할 것인가, 아니면 당장이라도 양심에 따라 그 법률을 어길 것인가. 한쪽에서는 불복종 행위에 정당성을 부여하려 하지만, 다른 한쪽에서는 불법 행위로 단죄하고 처벌해야 한다고 주장한다. 자연법적 사고와 법실증주의 사고가 서로 충돌하는 지점에 시민불복종 운동이 서 있는 것이다.

시민불복종 운동은 시민단체의 낙선운동으로 잘 알려져 있다. 당시 법원은 선거에서 선거운동과 의사표현의 자유가 최대한 보장되는 것이 바람직하지만, 공정성 보장이라는 공익을 위해 선거운동의 주체·기간·방법 등에 대해 법률로써 최소한도 내에서 제한할 수 있다고 밝혔다. 즉, 특정 후보자에 대한 낙선운동은 '공직선거 및 선거부정 방지법'의 선거운동 제한 규정을 위반한 불법 행위이지 시민불복종 운동으로서 헌법상의 기본권 행사 범위 내에 속하는 정당 행위가 아니라고 본 것이다.

개인의 법정과 국가의 법정이 모두 인정해야 정당화

그럴 수 있다. 위헌 여부를 판단하는 국가기관인 헌법재판소가 존재함에도 양심이라는 '개인의 법정'에서 스스로 불법으로 확신하고, 감성으로만 시민민주주의의 이름으로 정당성을 부여하는 태도는 분명 문제다. 그러나 그렇다고 해서, 실정법은 절차를 거쳐 국회에서 제정되었으므로 설사 악법이고 불의의 법이라 하더라도 국민은 복종할 의무를 지닌다는 형식 논리도 선뜻 받아들이기 어렵다. 그래서 개인의 법정과 국가의 법정이 모두 받아들일 수 있는 시민불복종이어야 정당화될 것이다. 시민불복종 운동이 지금의 촛불집회와 평화적 가두행진처럼 공익성과 비례성, 그리고 수단의 비폭력성 따위 요건을 갖추었다면 헌법상 기본권 행사로 볼 수 있다. 주권자인 국민이 천부인권을 과도하게 제한하는 법률의 부당함과 정부 정책의 잘못을 지적하고 시정을 요구하며, 평화적으로 헌법적 권리를 행사하는 행위는 국민이 누려야 할 최소한의 저항권이기 때문이다.

〈시사인〉 2008. 6. 14

정치 검찰

한상희

한국의 검찰은 이미 정치적이다. 그것도 확고한 위계조직과 강력한 위력을 가지는 권력형 정치기구다. 최근 검찰수사가 정치적으로 편향된 것은 아니라는 검찰총장의 강변이 그럴싸하다는 착시를 야기하더라도 그것은 검찰의 장구한 정치편력이 세련되게 재생산된 것일 따름이다.

자발적 시민운동에 과잉 개입

검찰권력이 무서운 것은 형사사법권이 아니라 이를 빌미로 제시되는 도덕성의 침탈과 국민의식의 왜곡 때문이다. 구속 기소의 위협보다는 혐의나 수사단계에서부터 피의사실을 공표하여 미리 반사회적이라는 낙인을 찍고 국민들의 판단기준을 왜곡해버리는 것이 한국검찰의 위력인 것이다.

    MBC의 광우병보도나 촛불시위, 언론사 광고불매운동 등에 대

한 검찰의 수사는 그 대표격이다. 시민들이 정치적 의제를 설정하고 이를 집단적 의사로 수렴해 나가는 과정에 검찰이 개입하여 그것을 불법으로 선언하고 수사에 착수한다. 여기서 중요한 것은 그들이 유죄인가의 여부가 아니다. 오히려 그 보도나 시위, 운동을 범죄의 수준으로 끌어내리고 그들에게 범죄의 혐의를 덮어씌우는 순간, 고도로 정치적인 의제들이 일순간 단순한 법률의 해석문제로 전락하고 반사회적일 수도 있다는 사회적 낙인이 찍혀버리는 현실이 문제인 것이다.

촛불시위나 광고불매운동 등은 시민들이 스스로 정치적 주체가 되어 국가의 주권은 누가 어떻게 행사하여야 하는가를 실천적 수준에서 다듬어내고자 했던 의지의 발현이다. 그러나 검찰은 이를 단순한 형사법의 논리로 대체하고 대통령이 해야 할 대답을 자신의 영장신청서로 대신한다. 집시의 자유를 폭력의 문제로 폄하하고 소비자권리로서의 광고불매운동을 업무방해로 비하해 버린다. 언론의 자유를 정체도 불명한 명예훼손죄로 억누르는 것도 잊지 않는다. 이 과정에서 과거의 색깔논쟁은 보다 정교해진다. "빨갱이"라는 말 하나로 정치적 반대자를 누르고 지배권력의 통치술을 휘두르던 질곡의 역사를 이제는 검찰권력이 반복하고 있는 것이다.

검찰은 "빨갱이" 대신 "범법자", "국가안보" 대신 "법질서"라는 말을 쓰지만, 그것은 검찰이 시민사회에 던지는 가장 강력한 정치적 메시지가 된다. 오늘날 한국검찰이 옛날과 다른 모습이 여기서 나타난다. 단순히 구속과 기소를 담당하던 보조자의 역할을 떠나 이제는 정치적 논쟁의 구도 자체를 오도하고 왜곡시키는 담론정치의 주체로 등극하고 있는 것이다.

'범법' 낙인찍어 국민판단 왜곡

그래서 "절제와 품격"을 강조하던 검찰총장의 발언은 되려 허위로 가득한 위선에 머문다. 그는 "정치적 중립성과 준사법적 기능의 확보"는 검찰의 핵심가치라고 선언하지만, 정치적 갈등이 본격화되는 순간 어느 일방을 범법자로 규정하고 반질서사범으로 처단하는 검찰의 행태 자체가 "정치적 편향성과 당파성"의 극단적 형태임은 굳이 외면한다. "공권력의 정당한 권위와 기능을 회복시킬 수 있도록" 최선을 다하라는 지시는 그 공권력에 반대하고 저항하는 시민들의 의지를 불온시하고 적대시하는 검찰의 반민주성을 대변할 뿐이다. 그는 "온 세상이 비난한다 하여 해야 할 일을 그만두지 아니한다"라는 장자에 기대어 여론을 오도하려 하지만, 그가 진정 읽어내야 할 것은 그 구절 바로 뒤에 있는 지인무기 至人無己(무기도인에게는 자기가 없다)라는 경구다. 온 세상의 비난에도 불구하고 반성은커녕 자신만 내세우는 집단이라면 그의 권력은 문자 그대로 폭력이기 때문이다.

<경향신문> 2008. 9. 11

검찰 정치적 중립성의 의미

● 박경신

임채진 검찰총장이 올해 신년사에서 "대한민국의 정통성과 정체성을 부인하면서 친북좌익이념을 퍼뜨리고 사회 혼란을 획책하는 세력을 발본색원해야 합니다"라고 말했다. 그러나 북한에 대한 지지도, 우익에 대한 반대도 위법이나 불법이 아니며 도리어 자유민주주의의 기둥인 사상의 자유가 보장하는 다양한 사상 중의 하나이다. 그런 의미에서 위 말은 "불교 세력을 발본색원해야 한다"라는 말과 다를 것이 없다. 외국의 어느 검찰총장도 "레프트"를 불법과 동일시하지 않는다.

검찰은 국민의 자유와 재산을 보호해야 할 의무가 있다. 그런데 헌법이 보호하는 사상을 가진 일부 국민들에 대해서는 "당신들의 자유와 재산을 뿌리째 뽑겠다"라고 선전포고를 한 것이다. 이것이야말로 자유민주주의에 뿌리박은 대한민국의 정체성과 정통성을 부인하는 말임은 물론 반헌법적이며 명백한 탄핵 사유이다. 물론 문장구조상 '발본색원' 당하려면 "대한민국의 정통성과 정체성을 부인"하기도 해야 하며 "사회 혼란도 획책"해야 하지만 이 문구들은 매우 애매모호하다. 상하이임시정부의 정통성을 부인하는 것은 '대한민국의 정통성'을 부인하는 것이 아닌가. 4·19 민주화운동은 단지 성공했기 때문에 '사회혼란'이라고 볼 수 없는 것인가.

물론 위 발언은 '불법필벌'의 맥락에서 나왔다. 하지만 같은 범법자들 중에서도 특정 집단에 대해서만 차별적으로 '불법필벌'의 의지를 천명하는 것은 바로 그 집단에 대한 공격이다. 허위사실 유포죄가 실제로는 정부에 비판적인 '미네르바' 같은 사람들만을 처벌하므로 허위사실에 대한 처벌이 아니라 정부 비판자에 대한 처벌로 여겨지는 것과 마찬가지다.

자신은 '좌익' 또는 '친북'이 아니므로 검찰총장의 발언과 상관이 없다고 생각하는 국민들에게 미네르바 구속사태에 비추어 조언하고 싶다. 자신이 다수에 속해 있다는 환상을 깨라. 100만개의 평이한 게시물이 허용된다고 하더라도 단 1개의 게시물이라도 현 정권에 위협이 될 정도로 대중적 지지를 얻는다고 처벌된다는 것은 100만개 모두가 처벌된 것과 마찬가지다. 검찰은 1월15일 시위 및 파업에 대한 구형 기준표를 마련하였고 1월4일에는 사이버전담반 신설을 추진하고 있다고 밝혔다. 검찰은 '좌익'에 현혹되기 쉽다고 판단되는 힘없는 개인들이 자신의 입장을 효과적으로 표명할 수 있는 유일한 통로인 집회시위나 인터넷을 압박하여 우리 모두를 압박할 것이다.

'검찰의 독립성'의 의미를 재검토하자. 우리는 대통령의 권력

이 영원할 것처럼 보였던 시절에 대통령을 직접 비판하지는 못하여 그 아래에서 시녀 노릇을 하던 검찰에 일말의 양심을 기대하면서 이 문구를 만들어내었다. 하지만 민주화 이후 '독립성'은 정부의 민주화 의지와 검찰 개혁을 방해하는 이데올로기로 작용하였다. 심지어는 법무부 장관의 '무죄추정에 따른 불구속 수사' 요청에 대한 방패막이로도 동원되었다. 결국 헌법이 독립성을 보장하는 법원도 꾸준히 자기개혁을 진행하는 동안, 검찰은 한 번도 개혁의 수술대에 오르지 않았다.

검찰의 독립성은 누구의 통제로부터든 자유로운 '섬'으로서 존재할 수 있는 것이 아니다. 검찰, 노조, 시민단체 모두 외부의 견제와 비판으로부터 격리되면 자기의 집단적 이익을 좇기 마련이며 결국 진정한 독립성을 잃게 된다. 결국 국민의 일부가 자신의 정치적 성향에 반한다고 하여 이들을 공격하려 하고 있는 것이다. 진정한 독립은 자기로부터의 독립이다.

〈한겨레〉 2009. 1. 21

잘못된 쇠방망이 휘두르기

조국

지난 2일 이명박 대통령은 청와대 만찬에서 "유모차에 아이들을 태우고 나오는 것은 절대 안 된다. 이는 아동보호법 위반"이라고 말했다. 현재 '유모차 부대' 카페 운영진 2명이 도로교통법 위반으로 경찰수사를 받고 있는데, 대통령은 수사 대상 항목을 하나 더 추가하라고 지시한 것이다. 일전에 한나라당 차명진 대변인은 "촛불시위의 유모차 부대를 수사하겠다고 나선 사람들은 과잉 충성하지 말라"는 내용의 성명을 발표했지만, 이 대통령은 바로 이 '과잉 충성'을 하라고 못 박은 것이다.

'아동보호법'이란 이름의 법률은 없으니, 대통령은 '아동복지법' 위반을 말한 듯하다. 아동법은 아동의 건강·복지를 해치거나 정상적 발달을 저해할 수 있는 '아동 학대'를 처벌하고, 이런 일이 발생한 경우 지방자치단체장은 법원에 친권행사의 제한 또는 친권 상실의 선고를 청구하도록 규정하고 있다. 자식의 건강이 걱정되어 대통령과 정책당국자에게 아이들의 얼굴을 보아서라도 쇠고기

재협상을 하라고 요구하기 위하여 촛불시위에 참석했던 어머니들은 이제 '아동학대범'이 될 처지에 놓였다. 경찰이 한술 더 떠 아이를 집에 놔두고 시위에 참석한 어머니들도 찾아내서 아동유기죄로 수사하려는 것은 아닌지 모르겠다. 또는 '어심'御心을 읽은 지방자치단체장이 이 어머니들의 친권제한·박탈을 법원에 청구할지도 모르겠다.

당시 시위 상황을 외면하는 현실인식도 문제거니와, 국가형벌권을 마구잡이로 행사하려는 발상은 황당하기만 하다. 정상적인 법률가라면 유모차 부대 어머니들을 아동학대범으로 기소하거나 유죄 판결을 내리는 것, 이들의 친권을 제한·박탈하는 것이 불가능하다는 점을 잘 알 것이다. 그럼에도 불구하고 대통령이 아동복지법 위반 운운한 것은 촛불시위에 참석했던 사람들, 앞으로 참석할 사람들을 겁박劫迫하기 위한 것으로밖에 보이지 않는다. 청와대 뒷산에서 촛불시위를 보며 자책했다는 대통령의 모습은 어디로 갔는가.

정부와 여당은 온 국민이 거리로 쏟아져 나왔을 때는 웅크리면서 반성하는 듯하다가, 촛불시위가 수그러들자 표변하여 국민을 쥐 잡듯이 잡겠다고 나서고 있다. 대통령이 직접 언급한 '유모차 부대'는 물론이고, 촛불시위 당시 질서유지를 담당했던 '예비군 부대' 회원도, 촛불시위 관련 여러 인터넷 카페 운영자와 회원도, 심지어 청소년과 고교생도 수사 대상이 되고 있다. 헌법적 권리인 '시민불복종'의 거대한 대열에 참여했던 시민들은 이제 집시법, 도로교통법, 형법 위반 범죄인으로 취급되고 있는 것이다.

그런데 9월24일 청와대 수석비서관회의에서 이 대통령은 경찰의 성매매 단속에 대하여 "불법을 용납해서는 안 되지만 무차별적 단속은 하지 말라"고 지시하였다. 이러한 '유연함'은 왜 촛불시위 참여자에게는 적용되지 않는 것인지 의아하다. 그리고 9월5일 대통령 부인 김윤옥씨는 셋째 사위인 조현범 한국타이어 부사장의 불법주식거래 의혹에 대하여 "검찰조사가 진행 중인 만큼 결과를 지켜보려 한다"면서도 "사위를 믿고 있다"고 발언하였다. 이는 검찰에 어떠한 메시지를 던지려는 것인지 궁금하다. 이외에도 '기업 프렌들리' 정책이 '기업범죄 프렌들리' 정책으로 귀결될 조짐이 곳곳에서 감지된다.

요컨대, 정부와 여당은 쇠방망이를 써야 할 곳에는 솜방망이로 토닥거리고 있고, 방망이를 쓰지 말아야 할 곳에 되레 방망이를 휘두르고 있다. 절대 우위의 국회의석과 소수 '강부자' 핵심 지지층을 믿고 그러는지는 모르지만, 지금처럼 휘두르는 쇠방망이는 언젠가는 자신의 뒤통수를 칠 것이다.

〈한겨레〉 2008. 10. 6

국회라도 제자리를 지켜라

● 김창록

다수결·법 왜곡은 국회의 부정…합리적 논의 절차 과정이 우선

연말연시의 국회는 문자 그대로 난장판이었다. 폭언과 폭력이 난무하는 가운데 끌어내고 끌려나가는 일그러진 얼굴들이 연일 TV 화면을 채웠다. 그 혼란상이 여야 합의에 따라 수습된 것은 일단 다행스러운 일이다. 하지만 여당 원내 대표가 '법안 전쟁'이라고 이름 붙인 이번 사태는 9일부터 시작된 임시국회에서 2회전을 이어가고 있다.

　여러 가지 평가가 뒤따른다. 이쪽이 잘못이라는 평가도 있고 저쪽이 잘못이라는 평가도 있다. 항상 그렇듯이 둘 다 잘못이라는 양비론도 빠지지 않는다. 여야의 득실을 따지는 분석이 이어지고 여러 정치세력의 갈등상이라는 '후폭풍'도 전해진다. 보고 있노라면 짜증도 난다. 그래서 '국회의원들 다 쫓아내고, 국회 문 닫아 버려라'라는 시정의 성난 목소리도 들려온다. 하지만 아무리 짜증이 나더라도 국회의원과 국회를 없앨 수는 없는 노릇이다. 결국 사태의 원인을 되짚어 재발을 막는 수밖에 없다.

원인의 하나는 다수결의 왜곡이다. 이번 사태에서 특히 문제가 된 방송법안에 대해, 야당측은 법안 자체에 문제가 있고 충분히 논의도 되지 않았고 반대도 많다고 비판했다. 재벌과 대형 신문이 방송까지 장악하게 될 경우 다양한 목소리가 차단되게 될 것이고, 법안이 발의된 지 한 달도 되지 않은 가운데 상임위 심의도 옳게 거치지 않아 논의가 부족하며, 여론조사의 결과도 반대가 찬성보다 2배 이상 많다는 것이었다. 이에 대해 여당측은 이렇다 할 반론은 제시하지 않은 채, 172석이라는 절대 다수의석만을 내세워 무려 85개의 법안에 대한 직권상정을 밀어붙였다. 여론조사도 공청회도 하지 않고, '전광석화' 같이 '돌격'해서 '고지'를 '점령'하는 '속도전'에만 매달렸다.

다수의 뜻에 따라 결정하는 것은 민주주의의 기본이다. 하지만 다수결이 항상 옳은 것은 아니다. 합리적인 절차에 따라 도달한 다수결은 민주주의의 '원리'가 되지만, 그렇지 못한 경우에는 그저 숫자의 '폭력'에 머물 뿐이다.

사태의 또 다른 원인은 법의 왜곡이다. 이번 사태와 관련해서는 국회의장의 질서유지권 발동이 요건을 갖춘 것인지에 대해서도 논란이 있지만, 왜곡의 백미는 역시 국회 사무총장이라는 자가 "특수주거침입"이라는 죄명을 들먹인 것이다. 국회 안에 있던 야당 의원과 보좌진이 "단체 또는 다중의 위력을 보이거나 위험한 물건을 휴

대하여 사람의 주거" 등을 침입한 범죄자라며, 경찰을 증원 요청해 국회 출입문 앞에 세워놓고 음식물 반입까지 제한하며 강제해산에 나선 것이다.

이것은 마치 부부싸움이 난 아파트에 완장 찬 관리인이 나타나서 경찰을 불러 문 앞에 세우고 아파트에 들어가 부부 중 한쪽을 끌어내려고 한 것이나 마찬가지이다. 게다가 국회는 단순한 '사람의 주거'가 아니라 헌법이 규정하고 있는 핵심적인 국가기구이다. 그런 국회에 일반 형법을 기계적으로 들이대는 것은, 형법강의를 처음 들은 학생이 법체계는 무시한 채 짧은 지식으로 온 세상을 재단하려고 하는 것과 같은 치기어린 행동이다. 국회의원을 지낸 국회 사무총장이라는 자가 그런 행동을 했다니 그저 놀라울 따름이다.

법을 지키는 것은 법치주의의 기본이다. 하지만 법집행이 항상 합법인 것은 아니다. 요건도 갖추지 못하고 상식도 무시하고 체계에도 맞지 않은 법집행은 법의 이름을 내건 '폭력'일 따름이다.

국회는 대의기관이다. 국민들이 직접 국정을 논의하기 어려우므로 국회의원을 대리인으로 선출해서 대신 논의하게 하는 것이다. 그 논의는 최종적으로는 다수결에 의해 종결되어야 하지만, 그 이전에 반드시 합리적인 절차에 따라 논의하는 과정을 거치지 않으면 안 된다. 가능한 한 많고 다양한 국민들의 의견을 반영하기 위해 거쳐야 하는 그 과정을 말살하는 다수결과 법의 왜곡은 곧 국회의 부정에 다름 아니다.

대신 논의를 해주어야 할 국회가 논의를 하지 못할 때, 국민들은 거리로 나가 직접 논의를 할 수밖에 없다. 권위주의 시대의 거리의 정치, 4·19와 '부마'와 6·10은 국회가 제 몫을 하지 못한 결과이기도 하다. 생업에 전념해야 할 국민들을 또다시 거리로 내몰아서야 되겠는가? 국회라도 제자리를 지켜라.

〈매일신문〉 2009. 1. 12

2장 그들의 '헛짓'에 저항하라

'광고 안 싣기 운동'은 범죄 아니다

● 하태훈

경찰력과 물대포만으로 모자라는 모양이다. 지난 정권에서는 청와
대로부터의 독립을 호기스레 외치며 날을 세웠던 검찰이 그 칼날을
시민에게 겨눴다. 대통령과의 맞장토론에서 대통령을 호통 치던
기개는 어디 갔는가. 코드 맞추기에 부산한 검찰의 변신이 애처로
워 보인다. 정치적 독립도 대통령이 누구인지, 법무부 장관을 누가
임명했는지에 따라 다른 모양이다.

그것도 모자라 보수 언론이나 대광고주에 편향적인 태도까지
보인다. 시민의 비조직적 · 자발적 운동까지 협박과 강요에 의한
업무방해라며 전국의 형사 부장검사를 모아놓고 끝까지 추적해 구
속 수사하자고 다짐한다. 대통령이 인터넷의 역기능을 강조하자
검찰 · 경찰 · 방송통신위원회가 인터넷 공간을 뒤져보겠다고 수
사대책회의를 연다. 심지어는 국세청까지 세무조사로 압박 강도를
더한다. 법무부 장관은 연일 언론에 등장해 철저한 단속을 천명하
며 의지를 불태운다. 권력기관의 전방위 압박으로 죄 없는 자도 움

츠러들 상황이다.

검찰이 '광고 안 싣기 운동'을 수사 표적으로 삼았다면, 그것을 범죄행위로 판단했다는 얘기다. 그렇다면 형법 전문가인 검찰이 제대로 형법을 공부했는지 점검해보자. 허위 사실을 유포하거나 위계 또는 위력으로써 사람의 업무를 방해한 자는 형법 제314조에 따라 업무방해죄로 처벌된다. 공연히 사실을 적시하여 사람의 명예를 훼손한 자는 제307조의 명예훼손죄에 해당한다. 사람을 협박한 자는 제283조에 따라 협박죄로 처벌된다.

범죄가 성립하려면 범죄 구성요건을 충족해야 한다. 괘씸하거나 사회질서를 위협한다고 모두 처벌할 수는 없다. 범죄 구성요건을 충족하지 못하면 범죄가 성립하지 않는다는 것이 형법의 대원칙인 죄형법정주의罪刑法定主義이다. 무엇이 범죄이고, 어떤 형벌을 가할 것인가는 형법에 명확히 규정돼 있어야 하고 유추해석을 금지한다는 내용이다.

엄포성 수사는 검찰 불신만 키운다

특정 신문에 광고를 게재한 기업의 명단이나 전화번호 등을 인터넷에 올리는 행위는 '허위 사실 유포'나 '위계'가 아니다. 광고 기업에 전화를 조직적으로 했거나 한 사람이 전화를 수백 통 걸었다면 모를까, '위력'도 아니다. 협박도 아니고 명예훼손도 아니다. 업무방해도 아니다. 광고주가 광고 중단 결정을 내렸다면, 그것은 '전략적

영업 판단의 결과'라고 볼 수 있다. 혹시 기업에 손해가 있다면 민사소송으로 해결할 일이다.

지금 인터넷 공간에서 이루어지는 '광고 안 싣기 운동'의 주류는 헌법에 보장된 소비자 보호 운동이자 자유로운 의사표현의 한계 내에 있는 것이다. 보수 신문에 광고를 게재하면 죽이겠다는 식의 행위가 있다면 업무방해나 협박에 해당한다. 하지만 이는 빙산의 일각으로, 법무부 장관이나 검찰총장이 나설 일이 아니라 그저 조용히 수사하고 혐의가 있으면 기소하면 된다. 언론에 등장해 엄포를 놓거나 전국 부장검사를 모아놓고 위력을 보일 필요도 없다. 이거야말로 누리꾼에 대한 협박이고, 의사표현의 자유나 소비자 권리 행사를 방해하는 행위다. 엄포성 수사는 검찰에 대한 국민의 불신만 키운다. 광우병 괴담에 대한 전면 수사의 결과도 한 달이 다 가도록 들리지 않는다.

〈시사인〉 2008. 7. 12

'조중동 광고불매운동' 진행과 수사

2008년 5월 촛불집회에 대한 허위보도와 쇠고기 수입에 대한 논조를 찬성으로 바꾼 조선일보, 중앙일보, 동아일보에 대한 광고지면 불매 운동 시작(3개 신문에 광고를 게재하는 기업에 광고게재를 중단할 것을 촉구하는 전화걸기 운동)

5월 31일	광고불매운동을 시작한 네티즌들 포털 사이트 다음(Daum)에 『조중동폐간 국민캠페인』 카페 개설
6월	다수의 기업들이 조중동 광고 중단
6월 25일	검찰이 광고지면 불매운동에 대한 수사에 착수한다고 공식 발표,
7월 3일	검찰이 카페 도우미 20여 명에 대한 출국금지 조치
7월 5일	카페 도우미 5인의 집과 사무실에 대한 검찰의 압수수색
7월 22일	카페지기 검찰 소환조사, 이후 8월 중순까지 22명에 대한 소환조사,
8월 19일	검찰이 카페 도우미 6명에 대한 사전구속영장 청구
8월 21일	서울중앙지법에 의해 카페 도우미 2명 구속영장 발부, 서울구치소 수감
8월	검찰, 광고불매운동을 벌인 24명을 광고게재 기업의 업무를 방해한 혐의로 기소
10월 21일	1차 공판 시작
2009년 2월	서울중앙지법 '조중동 광고불매운동' 관련 24명에 유죄 선고

검찰의 최후의 말바꾸기도
반소비자적 발상

● 박경신

검찰은 조중동불매운동 카페 운영자들을 사법처리하면서 '2차불매운동' 주장은 이미 날조된 외국법리에 근거한 것임이 판명되자 말을 바꾸어서 조중동에 대한 2차불매라서 위법이 아니고 항의전화가 너무 많아서 광고주 자체의 업무가 불가능하게 하였기 때문이라고 주장하고 있다. 하지만 이 주장은 매우 반소비자적인 발상에 근거하고 있다.

전화를 걸자마자 무조건 제품을 구매하겠다고 하는 '무조건적 구매자'들이 아니라고 할지라도 모든 잠재적 구매자는 자신의 구매의 조건을 회사 측에 통지하기 위해 또는 자신이 해당 회사를 불매하는 이유를 통보하기 위해 업체의 주문전화번호에 전화를 걸 권리가 있다. 그러므로 광고주에 항의전화를 건 개별행위는 업무방해가 성립되지 않는다.

그리고 이와 같은 '잠재적 구매자들'이 우연하게 비슷한 시기에 전화를 하여 전화가 지속적으로 통화상태가 되어 '무조건적인 구매자'들의 전화가 성사되지 못했다고 해서 업무방해가 성립되는 것이 아니다. 예를 들자면 특정 관광지역이 전쟁지역이 되자 여행사에 환불 요청이나 행선지 변경을 요구하는 전화 또는 해당 관광상품을 아직 사지는 않았지만 행선지 변경을 할 것인지를 문의하는 전화 등이 한꺼번에 몰려 무조건적 구매자들의 주문이 무산되었다고 해서 환불이나 행선지 변경을 요청 및 문의한 개별 전화가 업무방해가 되지 않는다.

업무방해가 성립되려면 수천통의 전화통화를 건 사람들이 서로 통정하고 결의하여 '무조건적 구매자'들이 전화를 하지 못할 것이라는 것을 목표로 하고 그렇게 될 것을 알면서 전화공세를 했었어야 한다. 이것은 예를 들어 탈세행위와 다르다. 백 명이 탈세를 했든 만 명이 탈세를 했든 한명이라도 세금을 내지 않는 것은 그 개별행위 자체로 불법이다. 하지만 이 사건에서는 수천명 사이의 통정과 합의가 있어야 한다. 즉 몇월 며칠 어떤 시간대에는 누가 어떤 순서대로 전화를 걸어서 전화를 불통시키기로 합의하고 그와 같은 불통상태를 유지하기위해 각각의 시간대에 대해 이와 같은 통정과 합의가 있었어야 한다. 이 사건에서는 전혀 그런 것이 없었다.

더욱 분개스러운 것은 처벌대상자들이 검찰이 위법행위라고 주장하는 전화를 건 것에 대해 처벌된 것이 아니라 그러한 전화를 독려하는 글을 올린 것에 대해 처벌되었다는 점이다. 말은 듣는 사람이 반응하여주지 않으면 아무런 효과가 발생하지 않는다. 음란물,

기밀누설, 저작권침해, 명예훼손, 사기 등과 같이 표현행위 자체가 공익을 해하는 경우도 있다. 하지만 이를 제외하고는 듣고 반응하는 사람을 거치지 않고 곧바로 효과를 내는 행동에 비해 말은 자유롭게 구사할 수 있다는 원리가 바로 표현의 자유의 몸통이다. 그리고 이 원리는 견해의 주장은 처벌되지 않고 즉각적이고 중대한 행위의 '교사'만이 처벌된다는 '명백하고 현존하는 위험'의 원리로 정리된다.

즉 여기서는 수천명의 통정과 결의를 교사했어야 하는데, 오늘은 어디에 전화하자'라는 독려하였을 뿐 실제 그 독려글을 본 사람들이 실제로 그렇게 전화를 할지 몇 명이나 할지 그리고 무조건적인 구매자들의 전화통화를 봉쇄하기에 충분한 숫자가 할지에 대해 전혀 알지 못하였다. 일방적으로 위와 같은 전화통화의 사회적 타당성, 절박성, 중요성을 주장하였을 뿐이다. 8월21일 영장내용을 보면 '집중공략 광고주 리스트'. '최소 5군데 이상 공략해주세요' '모두 빠짐없이 압박을 가해주세요' 등 압박 적극 조장..'오늘은 명인제약입니다'라고 특정업체를 게시하는 정도의 글이 있을 뿐이다.

결국 검찰의 기소결정이나 법원의 영장발부결정은 '광고주들의 소비자전화번호가 제품의 질, 기업의 환경행위, 노동행위 등등을 완전히 무시하고 무조건적으로 제품을 구매하고자 하는 사람'만이 사용할 수 있는 번호라는 구시대적이고 반소비자적인 믿음에 표현의 자유에 대한 경시되면서 비롯된 것이 아닌지. 구매전화가 폭주하여 전화가 불통되거나 업무가 마비되면 괜찮고 항의전화가 폭주하여 전화가 불통되거나 업무가 마비되면 불법이라는 바로 그 발상인 것이다.

〈공감 뉴스레터〉 39호, 2008. 9

긴급조치시대로의 사법적 회귀,
대응은 사법개혁

● 박경신

지난주 광고중단 운동 관련자들이 구속되면서 대한민국은 인터넷에 자신의 견해를 밝힌 것만으로도 구속될 수 있는 나라가 되었다. 대한민국 변호사, 판사, 검사, 법학교수들은 이제 '명백하고 현존하는 위험'의 원칙을 입에 올리지 말라.

말은 듣는 사람의 반응이 없으면 아무런 효과가 발생하지 않는다. 듣고 반응하는 사람을 거치지 않고 곧바로 효과를 내는 행동에 비해 말은 자유롭게 구사할 수 있다는 원리가 바로 표현의 자유의 몸통이다.

우리나라에서도 '명백하고 현존하는 위험'의 원칙은 표현의 자유 보호기준으로 널리 받아들여지고 있다. 이 원칙은 미국 연방대법원이 1차 세계대전 때 징집 불복을 선동하는 전단을 배포한 것에 대해 실제로 대규모 징집거부 사태가 발생할 명백하고 현존하는 위험이 있어야만 선동행위 처벌이 헌법적으로 가능하다고 판시한 데서

온 것이다. 이 원칙은 특정 행위가 타당하다는 '주장'과 그 행위의 '교사'를 구별하고 '즉각적인 위법행위의 교사'에 대한 처벌만이 헌법상 가능하다는 원칙으로 발전했다. (원문 'incitement'는 영한사전에는 '선동'으로 번역되지만 관련 판례들을 보면 '교사'가 맞다.)

광고주에게 광고행위를 근거로 불매의사를 밝히는 전화를 거는 것이 위법한 '2차 불매운동'에 해당한다는 검찰의 주장은 이미 날조된 외국 법리에 근거한 것임이 판명되었다. 그러자 검찰은 한발 물러나 2차 불매라서 위법한 것이 아니고 항의전화를 조직적이고 집중적으로 하여 업무가 불가능하게 하였기 때문이라고 주장한다. 그러나 그런 일이 있었다고 할지라도 이번에 구속된 누리꾼 2명은 광고주들에게 항의전화를 한 것에 대해서가 아니라 광고주들의 리스트를 다음 카페나 구글에 게재하고 누리꾼들에게 항의전화를 독려하는 글을 올린 것으로 구속되었다. 구속자들은 특정인들에게 돈이나 지위를 이용하여 항의전화를 하도록 유인하지도 않았다. '광고주들에게 광고를 철회하지 않으면 그 회사 제품을 구매하지 않겠다고 전화로 통보하는 행위'의 타당성을 '주장'하였을 뿐이다. '명백하고 현존하는 위험' 원칙 아래서는 이들의 처벌은 불가하다.

더욱이 1명은 광고주 목록을 구글에 올린 것만으로 구속되었다. 광고주 목록은 광고가 실린 일간신문들에 공개된 것인데 이것을 인터넷에 다시 게재한 것이 범죄라면 바로 그 광고를 몇 십만 부씩 찍어 광고주들의 이름과 연락처를 전 국민에게 통보하는 일간신문 스스로도 범죄를 저지르고 있는 것 아닌가?

견해의 표명만으로도 감옥에 갈 수 있다는 면에서 우리는 유신 시절의 긴급조치 시대로 다시 돌아간 것과 같다. 2008년의 긴급조치는 독재정권에 의해 이루어진 것이 아니라 검찰과 법원에 의해 이루어진 것이다. 이에 대한 우리의 대응은 단호히 '사법개혁'이어야 한다.

가장 중요한 것은 검찰과 법원을 구성하는 법률가들의 배경을 다양하게 만들고 이들의 특권의식을 깨뜨리는 것이다. 이를 위해서는 법률가 수를 대폭 늘려야 한다. 현재 변호사 정원제 아래서는 아무리 사회적으로 소외되었던 사람이라 할지라도 한번 특권의식의 세례를 받고 나오면 중요한 시점에서는 법과 원칙을 포기함은 물론 누구의 편도 아닌 자신들의 편에만 서게 된다. 지금 검찰과 법원이 보이는 판결 및 수사행태도 자신들이 특권층에 속해 있고 이명박 정권이 촛불시위가 보여준 대중들의 '공포스러운 힘'으로부터 특권층을 계속 보호해줄 것이라는 무의식적인 믿음에서 비롯된 것이다.

민주사회를 위한 변호사모임이 더욱 열심히 해야 할 일은 자신과 같은 모임이 10개 이상 나올 수 있을 만큼 판검사 후보자(즉 변호사)의 수가 늘어나도록 사법개혁에 앞장서는 일이다.

〈한겨레〉 2008. 8. 25

대낮 같은 밤, 집회 못할 이유 없다

하태훈

집회·시위의 자유는 언론·표현의 자유와 함께 그 나라 민주화와 다양성의 정도를 나타내는 척도이다. 민주 공동체에서 집회·시위는 자기의 의사와 주장을 집단으로 표명함으로써 여론을 형성하고 요구를 관철하는 정치투쟁 수단이다. 특히 거대 언론매체가 한목소리로 정부에 코드를 맞추고 비판의 칼날을 숨기는 현 상황에서는 더욱 그렇다.

시위란 다수인이 공동 목적을 가지고 공중이 자유로이 통행하는 장소를 행진하거나 위력 또는 기세를 보여 불특정 다수인의 의견에 영향을 주거나 제압하는 행위다. 따라서 소음 발생과 교통 방해는 불가피하다. 그러나 비폭력적이고 질서 파괴를 수반하지 않는다면 단시간의 피해는 사회 구성원이 참고 받아들여야 한다. 어느 정도의 불편은 민주주의를 실현하기 위해 지불해야 할 비용이기 때문이다.

민주국가의 집권자는 다양한 국민의 목소리에 귀 기울여야 한

다. 그것을 하나로 결집하고, 다양한 생각과 이념을 가진 국민에게 이해를 구하고 동의를 얻어가는 과정에 대통령의 정치력이 필요하다. CEO의 지시에 종업원이 절대복종하는 기업 경영과 국민을 다스리는 국정 운영은 비교할 수 없을 정도로 다르다. '주식회사 대한민국'의 최고경영자가 되려면 국민의 목소리를 그들의 눈높이에서 들어야 한다.

국민이 무지하고 부화뇌동해서 인터넷 괴담이 확산되고 촛불집회 참가자가 늘어나는 것이 아니라, 정부가 무엇인가를 숨기고 국민을 속이고 있다는 불신감이 표출된 결과이다. 따라서 의견 표출을 막는 헛된 대책을 마련하는 데 시간과 힘을 허비해서는 안 된다. 왜 정부 정책을 불신하고 대통령을 믿지 못하는지 그 이유를 자유롭게 드러낼 수 있도록 해주고, 원인을 제거할 방도를 찾는 것이 정부의 올바른 태도다.

그럼에도 정부의 강경 대처에 코드를 맞춘 경찰은 현행법을 근거로 다른 목소리를 원천 봉쇄하려 한다. 억지로 찾아낸 전기통신기본법 조항으로 공익을 해할 유언비어를 유포한 자를 처벌하겠다고 한다. 누구든지 일출 시간 전, 일몰 시간 후에는 옥외 집회 또는 시위를 해서는 안 된다는 '집회 및 시위에 관한 법률'(집시법) 10조를 근거 조항으로 들먹인다. 문화행사로 신고한 촛불집회에서 정치 구호를 외치고 손팻말을 들면 불법 집회로 간주하고 주동자를 색출·처벌하겠다고 엄포를 놓는다. 자의적 잣대로 비폭력 평화 집회를 불법 집회로 둔갑시키겠다는 것이다.

집시법의 위헌적 독소 조항 개정해야

그러나 지금은 도시화가 이루어진 산업사회다. 야간 활동이 빈번한 현실에서 야간의 집회와 시위가 주간의 그것보다 집회·시위 자체를 금지해야 할 정도로 위험하다고 볼 수는 없다. 현대 도시 생활에서는 야간에도 주간처럼 다양한 활동이 가능해졌다. 명백하고 현존하는 위험이 없는 집회를 금지해 국민의 기본권을 제한할 이유가 이미 없어진 셈이다.

헌법재판소도 야간 폭행이라는 이유로 가중처벌하는 '폭력행위 등 처벌에 관한 법률' 조항이 책임과 형벌 간의 비례성 요구에 위배된다고 결정한 바 있다. 동일한 취지에서 야간 집회의 원칙적 금지 규정은 집회·시위의 자유를 지나치게 제약하는 규정이라고 볼 수 있다. 원칙적으로 허용하되, 야간의 평온과 질서유지·안전을 위해 필요한 경우 제한할 수 있도록 개정해야 한다. 경찰은 낡고 비현실적인, 위헌 소지마저 있는 집시법 조항을 들먹일 게 아니라 야간에도 평화적 집회·시위가 가능하도록 독소 조항을 개정해야 한다. 비폭력 평화 집회라면 밤이든 낮이든 장려해야 할 시위 문화이기 때문이다.

〈시사인〉 2008. 5. 17

야간 옥외 집회 금지, 헌법재판소의 심판대에 오르다

2008년 여름을 달구었던 '촛불집회'를 불법집회라고 규정하고 집회를 해산하기 위해 경찰력을 투입하거나 집회 참가자들을 연행해서 기소한 근거는 야간옥외집회를 금지한 '집회와 시위에 관한 법률' 제10조이다. 그 내용은 다음과 같다.

제10조(옥외집회와 시위의 금지 시간)

누구든지 해가 뜨기 전이나 해가 진 후에는 옥외 집회 또는 시위를 하여서는 아니된다. 다만, 집회의 성격상 부득이하여 주최자가 질서유지인을 두고 미리 신고한 경우에는 관할경찰관서장은 질서 유지를 위한 조건을 붙여 해가 뜨기 전이나 해가 진 후에도 옥외집회를 허용할 수 있다.

경찰이 허용할 수도 있다고 하지만, 정부정책을 비판하는 집회를 허용할 리가 없고 실제 2008년 촛불집회를 허가하지 않았다.

지난 2008년 10월 19일 서울중앙지법의 박재영 판사는 헌법재판소에 집시법 제10조가 위헌적인 법률일 가능성이 많으니 심판해 달라고 하였다. 즉 야간옥외집회 금지조항에 대한 '위헌심판제청' 결정(2008초기2418)을 한 것이다. 집시법 10조를 위반했다고 형사재판(2008고단3949)을 받던 광우병반대국민대책회의 실무자와 그의 변호인이 요청한 '위헌심판제청 신청'을 받아들인 것이었다.

위헌심판제청 결정문에 담긴 주요 내용은 다음과 같다.

헌법은 (중략) 제18조에서 통신의 자유를 규정하면서 "모든 국민은 통신의 비밀을 침해받지 아니한다", 제19조에서 양심의 자유를 규정하면서 "모든 국민은 양심의 자유를 가진다"라고만 하고 있으나, 제21조에서 언론 · 출판 · 집회 · 결사의 자유를 규정함에 있어서는 "모든 국민은 언론 · 출판의 자유와 집회 · 결사의 자유를 가진다"라고 함과 아울러 제2항에서 "언론 · 출판에 대한 허가나 검열과 집회·결사에 대한 허가는 인정되지 아니한다"라는 조항을 따로 두고 있다....이와 같이 우리 헌법이 명백하게 허가제를 금지하고 있기 때문에 하위 법률에서 허가제를 도입하면서 미국이나 일본과 같이 허가여부의 판단에 관한 명백한 기준을 두고 행정관청의 자의적인 재량을 배제할 정도록 철저하게 운영한다손 치더라도 그 법률은 헌법에 위배된 것이라는 평가를 면하지 못할 것이고...

집시법 제10조는 (중략) 시간적으로는 야간에, 장소적으로는 옥외에서 개최되는 집회에 대하여 사전허가제를 인정하고 있다. 이와 같이 사전허가제가 인정된다면 집회의 금지가 원칙이고 집회의 자유는 예외적으로 허용되는 행위가 되는 것이므로, 결국 사전허가제는 집회의 자유의 본질적 내용에 대한 침해가 되는 것이고...

옥외집회의 금지시간이 일몰 후 일출 전으로서 하루의 절반이나 되어 그 규제규정의 시간적 대상이 예외적이라고 보기에는 너무나 넓은 점, 현실적인 측면에서 적지 않은 국민들이 주간에 학업이나 생업에 종사하고 있는데 이와 같이 야간옥외집회의 자유가 규제된다면 국민의 집회의 자유라는 정치적 기본권이 사실상 형해화될 수밖에 없다는 점...

이제 집시법 없는 세상을 이야기하자

● 한상희

한 언론사의 보도에 의하면 민주화운동 보상심의위원회가 지난 6년간 명예회복을 결정한 건수는 6,053건이다. 이 중 집회 및 시위에 관한 법률(집시법) 위반으로 처벌받은 건수가 2,299건, 폭력행위 등 처벌에 관한 법률(폭처법) 위반과 특수공무집행방해 등의 혐의가 각 418건과 328건, 업무방해가 34건, 도로교통법 위반이 29건 등이라 한다. 대체로 폭처법이나 공무집행방해, 업무방해 등은 집시법 위반과 연계되는 경우가 대부분임을 감안한다면, 지난 군사정권 아래서 권위주의적 억압에 항거하다 처벌받은 사람들은 절반 이상이 집시법과 관련된 셈이다.

억압의 법, 집시법

이 점은 집시법이라는 하나의 단행법이 어떻게 군사정권의 폭압적 권력행사를 가능케 하였는가를 단적으로 보여준다. 실제 언론·출판의 자유와 집회·결사의 자유는 사상의 자유시장을 바탕으로 민주적인 의사형성을 가능케 하는 기본권이라는 점에서 그 토대는 동일하다. 하지만 정신적 자유에 방점을 두는 언론·출판의 경우와는 달리 집회·결사의 자유는 근대국가의 성립 이후, 자본주의적, 부르주아적 지배체제에 대한 무산대중의 항변이라고 하는 정치적 의미가 더욱 강하다. 유럽의 경우 노동자들의 조직인 노동조합의 합법화 과정 또는 미국의 경우 이에 더하여 흑인들이 자유롭게 자신들의 조직을 형성하고 자신들의 주장을 대중집회의 형식으로 전달할 수 있는 방법을 추구하는 가운데 이 집회·결사의 자유라는 기본권의 실질적인 내용이 충당되는 것이다.

그래서 집회·시위의 자유는 "헌법이 집회의 자유를 보장한 것은 관용과 다양한 견해가 공존하는 다원적인 열린사회에 대한 헌법적 결단"이라고 하는 헌법재판소의 결정 이상의 의미를 가진다. 대의제민주주의의 과정에서 누락되거나 간과되는 소수자-민중의 이해관계를 적극적이고 능동적으로 표출하며, 이를 정치화시킴으로서 사회경제적 소수자들이 정치적으로 세력화할 수 있는 물리적·공간적 토대를 마련하는 것이다. 그리고 지난 독재정권들이 그 억압과 탄압의 타깃을 집회와 시위에 맞추어 두었던 것도 바로 이 점에서 설명이 가능하다. 권위주의적 통치에 항거하는 행위가 정치 세력화하는 것을 차단하기 위하여, 하위사회와 정치의 중간에 집시법이라고 하는 형식적 법영역을 설정하고 이를 법률관료를 통해 유효하게 통제해 내고자 하였던 것이다.

집시법은 명백한 위헌 법률

여기서 1962년 집시법 제정 이래 집회 · 시위를 민주적 기본질서의 기초로서의 정치적 권리라는 맥락에서가 아니라 오로지 사회질서와 안전이라는 목적에 종속되는 하위개념으로 설정함으로써 시민사회의 탈정치화를 도모하고자 하는 음모가 드러난다. "집회 및 시위를 보호하고"라는 문구와 더불어 "공공의 안녕과 질서를 유지함"이라는 대항적 이익을 명시함으로써 실질적인 집회 · 시위 금지법으로 변용시키고 있는 것이다.

그 대표적인 예가 바로 집시법이 신고제라는 형식으로 채용하고 있는 허가제이다. 실제 집회의 개최 · 진행의 자유, 집회에의 참가의 자유에는 허가제는 허용되지 않는다(헌법 제21조). 단지 질서유지를 위하여 집회 개최 전에 신고를 받는 것은 허가제에 해당되지 않는다. 또 경우에 따라 경찰행정청은 공중의 안녕이나 타인의 권리보호를 위하여 집회를 금지하거나 통제할 수도 있다. 이에 우리 집시법은 옥외집회의 신고제(제6조)와 경찰서장의 집회 · 시위 금지통고권(제8조)을 규정한다.

하지만 이런 원론적인 판단은 처벌부분에서 급선회한다. 집시법은 미신고집회 · 시위의 경우나 금지통고된 집회 · 시위를 강행한 경우 2년 이하의 징역 등으로 형사처벌하도록 한다(제19조). 통상적으로 신고제도는 행정질서의 확립을 위하여 운용되는, 부수적인 의무사항에 지나지 않는다. 그래서 출생신고나 사망신고의 경우에서 보듯 신고를 지체하거나 해태한 경우에는 과태료로 제재한다. 신고를 하지 않았다고 해서 태어난 아기나 죽은 시체가 불법아기, 불법시체로서 무가치판단을 받는 것은 아니다. 그러나 집시법은 신고해태의 경우를 형벌로써 다스린다. 집회·시위의 과정에서 별다른 위법행위가 없다 하더라도, 신고하지 않았다는 이유만으로 형사처벌할 수 있는 가능성을 열어둔다. 더구나 미신고 집회·시위에 대하여는 경찰서장이 즉각 해산을 명할 수 있다(제18조). 요컨대, 신고제를 채용하되, 그 신고의 성격을 경찰서장의 재량에 달린 허가제의 방식으로 운영할 수 있도록 함으로써 실질적인 집회·시위금지법으로 전용되게끔 한 것이다.

문제는 여기에 그치지 않는다. 집시법은 이른바 '폭력집회'에 대하여 잔여 집회·시위를 금지할 수 있도록 하고 있다(제8조). 이는 한미FTA 반대시위의 경우에서 보듯, 최악의 독소조항으로 작용할 가능성을 안고 있다. 즉 ①이런 폭력이 경찰력과의 충돌 등 외부적인 요인에 의하여 촉발되는 경우가 적지 않으며 ②집회·시위 중의 폭력은 일시적·부분적인 충동에 의한 경우가 대부분이며 ③이러한 폭력이 발생하였더라도 그것을 주최자 등의 통제능력이라는 문제로 접근되어야 할 것을 집회 자체의 허·불허의 문제로 접근하고 있다는 점에서 일종의 과잉결부 내지는 과잉규제에 해당하여 그 타당성을 결여하고 있는 것이다.

이런 규율방식은 명백히 위헌이다. 집회·시위 그 자체를 어떠한 위험인자로 추정하고 경찰청장의 재량만으로 얼마든지 이를 범죄로 선언할 수 있도록 한, 전형적인 허가제의 방식을 취하고 있기 때문이다. 즉 집회는 헌법에 의하여 보장되는 민주적 의사표현의 한 방법이라는 인식보다는, 집회는 '사회적 필요악'이라는 관념의 지배를 받으면서 그것을 처음부터 끝까지 국가의 통제 하에 두고자 하는 발상에 지나지 않는 것이다.

오도된 담론정치

최근 집시법에 대한 가열 찬 공격이 계속되자 '평화시위를 위한 사회적 합의' 운운하는 논의들이 고개를 든다. 쇠파이프와 각목을 휘두르며 뿌연 먼지 속에서 경찰과 힘을 겨루는 현장을 비추면서 교통체증을 불평하는 인터뷰가 중첩되는 TV화면을 배경으로 우리나라의 '시위문화'를 한탄하는 새로운 방식의 담론정치가 형성되고 있는 것이다. 예의 시위문화론은 이렇게 강요된 연상작용 속에서 이제 집회·시위에 대한 사회심리적 거부감을 조성해 낸다. 최근 집시법을 보다 강화하고 시위진압을 위한 경찰병력을 확보하여야 한다는 주장들이 가시화되고 있음은 바로 이런 담론정치를 바탕으로 하는 것이다.

　그러나 이런 시위문화론은 집회·시위에 대한 본질적 왜곡을 전제로 한다. 그것은 집회·시위를 민주시민의 인권이 아니라 사회질서와 경제적 효율성의 희생을 바탕으로 이루어지는 일종의 필요악 정도로 규정한다. 그래서 어쩔 수 없이 집회·시위는 인정하겠지만, 그것은 최소한도의 범위 내에서 행사되어야 한다는 담론을 만들어내고 이 범위를 '초과한' 집회·시위에 대하여는 단호한 조처를 하여야 한다고 주장하는 것이다.

하지만 집회·시위는 필요악이 아니라 국가가 최대한 보장하여야 할 의무를 지는 불가침의 기본적 인권이다(헌법 제10조). 그것은 예외적으로 허용되는 것이 아니라 다른 모든 희생을 치르더라도 최후의 순간까지 존중해야 할 국민의 기본권인 것이다. 그래서 경찰병력으로 겹겹이 에워싼 벽을 뚫고 나가는 시위대의 물리력이 폭력이 아니라, 그 시위대를 가로막는 경찰병력 자체가 폭력이다. 주위의 사람에게 자신의 주장을 알리기 위해 확성기 볼륨을 높이는 것이 폭력이 아니라, 시위대를 고립시키는 차벽, 인벽이 바로 반인권적 폭력이 된다. 혹은 시위로 인한 교통체증이나 상인의 불편은 시위대가 배상하여야 할 고통이 아니라 민주주의를 위한 사회적 비용이다.

이에 평화시위는 동어반복일 수밖에 없다. 평화의 개념이 '각자의 것을 각자에게'라는 정의를 바탕으로 하는 것이라고 한다면, 집회·시위는 자신의 인권을 스스로 실천하는 행위일 따름이다. 여기에 폭력이나 불법이나 '문화'라고 하는 가치판단이 개입할 여지는 없다. 정작 '평화'라는 수식어가 필요한 경우는 이 집회·시위를 바라보는 정부와 주위 사람들의 인식과 태도이다. 그것을 금기시하고 필요악으로 폄하하고 '폭력적'이라는 수사로서 통제하고자 하는 바로 그 억압적 행위 그 자체가 반평화적이며 반민주적인 것이다.

法治人權

출발은 집시법을 없애는 것에서부터

최근 20년간 우리 사회는 숨 가쁘게 민주화의 역정을 달려 왔다. 하지만 더러 인권의 침해와 사회질서를 혼동하기도 하며, 혹은 시장적 자유주의를 정치적 자유와 혼동하면서 정작 보호하여야 할 인권이 재산권에 종속되는 것으로 오인되는 경우도 생겨났다.

집시법의 태도는 이러한 오류의 전형을 이룬다. 그것은 집회·시위가 필요악이라는 잘못된 인식을 바탕으로 경찰청 등의 행정편의주의를 결합시킴으로써 전체적인 위헌상태를 구성해내고 있다. 뿐만 아니라, 최근의 경제중심적 사고틀은 물질적 생산성을 위하여 집회·시위로 표출되는 민주주의를 희생시키는 변태적 현상을 당연한 것으로 받아들이게 한다. 집시법 또한 마찬가지다. 교통의 소통을 위하여 민주주의를 희생시키고 경제안정이라는 명분으로 집회·시위의 자유를 제한하는 방법을 선택한다. 그리고 이 과정에서 우리 사회의 민주화를 이끌어 왔던 시민사회의 추동력이 이런 합법성의 이름 아래 시나브로 스러져 버릴 가능성을 만들어 놓은 것이다.

여기서 새삼 집시법의 재개정을 말하는 것은 진정 무의미한 것이 된다. 헌법재판소의 위헌결정을 반영하기 위한 법 개정작업이 결국은 개악으로 끝났던 지난 경험 때문만은 아니다. 바람직한 집시문화 운운하면서 잘·잘못을 따지는 것 또한 부질없다. 애시 당초 집회·시위의 '자유'는 우리의 것이기 때문이다. 이에 우리는 이 모든 논의들을 처음부터 시작할 것을 요구한다: 집시법을 폐지하라. 집회·시위의 자유는 신고제의 탈을 쓴 허가제의 대상이 되기를 거부한다. 사회질서를 명분으로 가해지는 그 어떠한 억압도 집회·시위라는 인권과 친숙하지 않다. 그래서 이 집시법의 폐지는 인격의 실현과 민주의 실천이라는 헌법의 요청이 새삼 타당해지기 위한 최우선적 조건이 된다.

〈세상을 두드리는 사람〉 19호, 2007. 1

그들의 '헛짓'에 저항하라

● 한상희

한 과학저널에 의하면 궁지에 몰린 사람에게는 '헛것'이 보인다고
한다. 통제 불가의 상황에 처하면 어떤 방법을 써서라도 자신을 합
리화하고자 음모론을 제기하며 희생양을 찾거나 앞뒤 맞지 않는 억
지주장을 해대며 그에 집착한다는 것이다.

　최근 정부와 여당의 행태는 그 단적인 예다. 그들은 집권 몇 달
만에 촛불집회라는 심각한 위기국면을 체험해야 했다. 2002년 대통
령선거의 패배와 2004년 탄핵정국의 악몽이 되살아나는 순간이었
다. 이 위기의 상황에서 그들은 단순무식한 전략을 택한다. 촛불집
회의 배후 운운하고 괴담 수준의 음모론을 제기하며 참여자들을 무
차별적으로 사법처리하는 한편 이를 뜬금없는 공안정국으로 연결
시킨다. KBS와 YTN 등 언론을 장악하며 보수언론의 후원을 노려
조 · 중 · 동 광고거부운동을 사법처리하는 반법치의 억지도 서슴
지 않는다. 위기의 원인이 된 자신의 과오를 반성하기는커녕 철저
하게 '헛것'을 내세우며 희생양 만들기에만 집착하고 있는 것이다.

이제 이 폭력의 정점은 그들의 오랜 콤플렉스인 사이버공간을 향한다. 그들은 인터넷 실명제를 확대하는 한편 사이버모욕죄라는 전대미문의 법조항도 만들겠다고 떼쓴다. 심지어 세무조사는 물론 압수수색 등 사법처리의 위협으로 포털까지 길들이고자 한다.

그들의 '헛것'이 기승을 부리는 것은 이 지점에서이다. 그들은 한 연예인의 죽음에 트집 걸어 사이버공간을 악플이 횡행하는 '악의 축'으로 낙인찍는다. 당장 어떤 조치라도 하지 않으면 연예인들의 자살이 줄이을 것처럼, 혹은 누구나 하루에 이천~삼천 개씩 이어지는 악플에 시달리다 정신병에 걸려 버릴 것처럼 호들갑을 떤다. 그들의 점잖고 순화된 목소리는 천박한 악플의 인용과 대비되면서 타락한 속세의 회개를 촉구하는 사제의 설교처럼 울려 퍼진다.

하지만, 그 악플 논쟁 속에서 그들의 '헛것'은 악령이 되어 나타난다. 그들의 진정한 목표는 실명제나 사이버모욕죄를 벗어나 있다. 그것은 아무런 실효성도 타당성도 없기 때문이다. 오로지 그들은 지금의 사이버공간이 그런 조치가 필요할 정도로 타락했다는 허위정보를 퍼뜨리는 데 주력한다. 인터넷 공간을 국민들과 이간시키고 국민들로부터 격리시키는 것은 그 다음의 목표이다. 촛불집회를 만들어냈던 사이버 공동체를 어떻게든 분쇄하겠다는 것이 그들의 정치적 욕망인 것이다.

실제 그들이 '누가 그녀를 죽음에 이르게 했는가'의 문제에만 집착하는 것은 이 때문이다. 그들은 그녀의 죽음을 막아야 했던 국가의 의무와 책임에 대한 회개는 아예 거부해 버리고 만다. '인간과 사회에 대하여 국가와 정부는 무엇이어야 하는가'라는 정작 중요한 논제는 그들의 기피대상인 것이다. 실명제나 사이버모욕죄의 조치들은 더 본질적인 것, 더 정치적인 것에 대한 국민적 요구를 차단하는 수단으로 기능할 뿐이다. 그리고 궁극적으로는 인터넷 공간을 식민지로 만들어 자신들과 자신들의 영원한 후견자인 자본권력이 실효적으로 지배하기 위한 토대로 작용할 따름이다.

그렇기에 역설적으로 인터넷 실명제와 사이버모욕죄의 도입을 적극 저지해야 한다. 비록 그 입법시도가 사이버 공동체로부터 촉발된 정권위기에서 나타난 '헛짓'에 불과하다 할지라도 이를 기화로 인터넷을 식민화하고 시민사회를 나포하려는 현 정권의 음모를 차단하는 전초기지가 되기 때문이다. 그러할 때 열 달 전 우리의 잘못된 선택을 바로잡는 성성한 불꽃을 되살릴 수 있을 것이기 때문이다.

〈경향신문〉 2008. 10. 10

해괴한 '집단소송법안'

조국

이명박 대통령은 2008년 신년사에서 "'떼법'이라는 말을 우리 사전에서 지워버리자"고 역설했고, 한나라당 홍준표 원내대표는 국회 교섭단체 대표연설에서 '떼법'을 막기 위해 불법시위에 대한 집단소송이 필요하다고 강조했다. 이 뜻을 받들어 현재 국회에는 한나라당이 제출한 '불법집단행위에 관한 집단소송법안'이 제출되어 있다. 그 목적은 불법집단행위로 다수인에게 피해가 발생한 경우에 "그 행위를 한 자 또는 그 행위를 하게 하거나 도운 자"를 상대로 피해자 중의 1인 또는 수인이 대표당사자가 되어 손해배상청구 소송을 수행할 수 있도록 하는 것이다.

먼저 '떼법론'에서 집회·시위의 자유는 "사회·정치현상에 대한 불만과 비판을 공개적으로 표출케 함으로써 정치적 불만이 있는 자를 사회에 통합하고 정치적 안정에 기여하는 기능"을 하는 중요한 기본권이라는 헌법재판소 결정의 정신을 발견하기 어렵다.

'불법집단행위에 관한 집단소송법안'의 요체는 집회·시위의 주최자나 참여자에게 거액의 손해배상액을 물리겠다는 것이다. 통상 대규모 집회·시위에서 그 주최자라고 할지라도 집회·시위 전체를 통제하는 것은 거의 불가능하다. 그러나 이 법안에 따르면 불법이 발생하기만 하면 주최자는 바로 소송의 대상이 된다. 특히 '도운 자'의 개념은 무한한 확장해석이 허용될 수 있다. 그 결과는 집회·시위 자유의 심각한 위축일 수밖에 없을 것이다.

그리고 이 법안은 집단소송이라는 제도의 원래 취지에 정면으로 반한다. 이 제도는 미국이나 독일에서 기업 또는 국가라는 거대 권력이 다수의 시민에게 피해를 입힌 경우 이를 금전적으로 징치懲治하기 위한 수단으로 도입된 것이다. 그런데 한나라당의 법안은 해괴하게도 '과잉범죄화' 논란이 많은 현행 집시법 아래에서 헌법상 기본권을 행사하다가 파생한 불법행위를 대상으로 하고 있다. 만약 이 법안이 국회를 통과한다면 이는 세계 최초의 사례가 되어 국제적 망신을 자초할 것이다.

물론 집회·시위 주변 상인의 피해도 존중되어야 한다. 그러나 그 존중의 방식이 집회·시위 자체를 얼어붙게 만드는 것이라면 허용될 수 없다. 게다가 기존의 '선정당사자'(민사소송법 제52조) 제도를 이용하면 불법집회·시위의 기획자나 직접 책임자에 대한 책임을 물을 수도 있는데도 새로이 법안을 만들겠다는 것은 이 법안이 정략적임을 확인시켜 준다.

이 법안은 2008년 상반기의 거대한 촛불집회·시위로 혼쭐이 난 집권세력이 촛불이 줄어들자 꺼내든 '막가파'식 복수극 대본이

다. 또한 이후 정부와 여당이 본격적으로 추진할 '우향우' 정책에
대하여 예상되는 대중적 반대를 예방하기 위한 것이기도 하다. 그
러나 정치적 반대파와 사회 · 경제적 소수자 · 약자의 의견을 경청
하지도 않고 그것과 소통하지도 않으며 통치와 지배만 하려는 정치
전략이 얼마나 지속가능할지는 의문이다.

〈경향신문〉 2008. 12. 17

복면착용 집회 · 시위는 범죄라고?

● 조국

제18대 국회에 한나라당 의원들이 제출한 집회 및 시위에 관한 법률 개정법률안 중 성윤환, 신지호, 이종혁 의원이 각기 대표발의한 것을 보면, 집회 · 시위의 주최자 및 참가자가 신원 확인을 어렵게 하는 가면 · 복면 · 마스크 등의 도구를 "소지 · 휴대 · 착용"하는 것을 금지하고 처벌하는 조항을 신설했다.

그러나 이런 집시법 개정법안은 첫째, 복면 착용 집회 · 시위에 대한 몰이해나 편견을 기초로 하고 있다. 예컨대 이상의 법안을 따르게 되면 동성애자나 성매매여성 등 사회적 소수자나 약자가 자신의 권익을 주장하는 집회 · 시위를 벌일 때 자신의 신원을 숨기기 위하여 얼굴을 가리면 처벌될 수 있다. 우리 사회에서 자주 사용되는 시위 양식인 비폭력 '침묵시위'도 마스크를 쓰고 진행되는 경우가 많은데, 이 역시 처벌 대상이 된다. 또한 반전 집회 · 시위에서 해골 마스크를 쓰거나 비판의 대상이 되는 공적 인물을 표현하는 가면을 쓰고 집회 · 시위에 참석하는 경우도 처벌 대상이 된다.

스키용 마스크류의 복면을 쓴 집회·시위 참가자를 바로 과격 폭력분자로 연결시키는 것도 문제다. 스키용 마스크는 혹한에 야외 집회·시위를 벌일 때 사용될 수도 있고, 집회·시위 참가자의 강력한 결의를 드러내는 표현수단일 수도 있다. 예컨대 2006년 경남 밀양시 단장면 감물리의 생수공장 허가에 반대하면서 마을 주민들은 눈과 코만 드러낸 복면을 쓰고 시위를 벌였지만, 이 주민들을 과격폭력분자로 규정하기는 매우 힘들 것이다.

둘째, 2003년 헌법재판소가 집회의 자유 보장 내용을 설시하면서, "참가자는 참가의 형태와 정도, 복장을 자유로이 결정할 수 있다"고 밝혔던바, 상기 법안은 이런 헌재의 결정에도 반한다. 이 법안이 통과된다면 복면집회·시위 금지의 부당성을 공론화하기 위하여 일부러 복면을 착용하고 평화적인 집회·시위를 벌이고서 재판 과정에서 이 조항의 위헌을 다투는 일이 예상된다.

셋째, 형법 이론으로 볼 때 복면 등을 착용하는 것은 물론 소지·휴대하는 것만으로 바로 범죄가 된다는 것은 '과잉범죄화' 그 자체이다. 현행 집시법이 폭력적 집회·시위와 그 선전·선동, 금지된 옥외집회·시위 등을 이미 처벌하고 있으므로 복면 소지·휴대·착용 자체를 처벌할 필요성은 적다.

넷째, 독일·오스트리아·스위스·미국 등에서 복면집회·시위를 금지하는 입법례를 발견할 수 있음은 사실이다. 그러나 과도한 규제로 불법 집회·시위를 양산하는 우리 집시법과는 달리, 이들 나라에서는 집회·시위의 자유가 훨씬 넓게 보장되며 이를 전제로 복면집회 · 시위를 제한적으로 금지하며, 실제 복면집회 · 시위의 처벌은 드물게 이루어지고 있다. 미국의 경우 복면집회 · 시위 금지 법규는 주로 인종차별적 범죄로 악명 높은 케이케이케이KKK단의 집단행동을 규제하기 위하여 만들어졌으며, 여러 주법원은 복면집회 · 시위를 금지하는 법규가 표현의 자유를 침해하거나 또는 그 문언이 모호하다는 이유로 위헌결정을 내린 바 있다.

요컨대 복면집회 · 시위를 처벌하는 집시법 개정안은 집회 · 시위의 자유가 정치적 반대자나 사회 · 경제적 약자의 의사표현 수단이라는 점을 몰각하고 있고, "복면착용＝불법폭력"이라는 도식에 사로잡혀 복면이 다양한 의사표현의 방식임을 외면하고 있기에 즉각 폐기되어야 한다. 집회 · 시위에 대한 위헌적이고 과도한 금지 · 규제를 도입하려는 이 개정안이 통과된다면 '불법' 집회 · 시위와 이에 대한 강경진압이 격돌하는 악순환은 오히려 확대재생산될 것이다.

〈한겨레〉 2008. 12. 17

도를 넘은 검찰의 대언론 수사

조국

최근 검찰은 〈한국방송〉 정연주 전 사장이 국세청과의 소송을 포기하여 회사에 손해를 입혔다는 이유로 배임죄 수사를 진행하는 한편, 〈문화방송〉 '피디수첩'이 광우병 소의 위험성에 대한 보도로 농림수산식품부 장관과 협상대표의 명예를 훼손했다며 수사를 진행하고 있다. 이러한 수사가 한국방송 사장을 이명박 대통령의 복심으로 교체하고 문화방송은 민영화하여 공중파 방송을 장악하고 재집권의 발판을 마련하려는 집권층의 계획에 발맞추어 일어난 일인지는 확증할 수 없지만, 적어도 법률적으로는 의문이 생기지 않을 수 없다.

정씨의 배임 혐의는 항소심에서 승소가 확실해 1990억 원을 돌려받을 수 있는데도 사장을 계속하려는 욕심 때문에 법원의 조정을 받아들여 556억 원만 돌려받아 회사에 손실을 끼쳤다는 것이다. 그러나 검찰의 논리대로라면 한국방송의 승소가 확실했는데도 조정을 권고한 판사는 이상한 사람이 되며, 불필요한 인적 · 물적 자원의 낭비를 막기 위해 재판보다 조정을 장려하는 법원의 정책도 중단되어야 할 것이다. 그리고 당시 대립하는 소송 당사자인 한국방송과 국세청은 각각 우리나라 최고의 법무법인으로부터 조정안 수용이 합리적이라는 권고를 받고 조정을 받아들였다. 이러한 법률자문의 결과는 한국방송 이사회에 보고되었고, 한국방송의 심의의 결기구인 경영회의에 의해 승인되었다.

생각건대 정씨의 조정권고 수용 결정은 정당한 '경영판단'이었고, 따라서 배임의 고의가 부정된다고 보는 것이 법률가의 양식에 부합한다. 그럼에도 검찰 수사는 정씨에게 부패한 '기업범죄인'의 딱지를 붙임으로써 논란이 많았던 정씨의 해임에 유리한 분위기를 조성해주었다. 검찰은 '산 권력'에 봉사하기 위하여 '죽은 권력'을 물어뜯고 있는 것은 아닌지 자문해보아야 한다.

다음으로 검찰의 문화방송 피디수첩 수사도 문제가 있다. 먼저 대표적인 보수논객인 중앙대 법대 이상돈 교수는 "피디수첩의 보도는 빈슨의 사망원인이 밝혀지기 전에 만들어진 것이고, 그것이 과장이고 왜곡이더라도 지금 정부가 하는 일은 자신들이 저지른 정책적 과오에 대한 책임을 다른 데로 전가하려는"것이며, 검찰수사는 "법적 불가능성에 대한 도전"이라고 따끔한 비판을 하였던 바, 집권세력이 적어도 이 교수 정도의 양식은 가져야 하지 않을까.

피디수첩의 방송내용에 일정한 문제가 있었다고 하더라도, 이는 방송통신심의위원회의 시청자 사과명령과 이를 수용한 문화방송의 사과방송과 내부 징계로 끝날 사안이다.

급변하는 사회현실 속에서 언론보도는 항상 오보의 가능성을 내포하며, 정부에 대한 비판은 당연히 담당자에 대한 명예훼손을 초래한다. 그러나 언론 보도로 명예훼손을 당하는 피해자가 공적인 존재이고, 그 보도의 내용이 공적인 관심사안인 경우에는 언론의 자유가 우위에 서야 한다는 것이 민주국가의 확고한 판례다. 만약 피디수첩의 보도가 농림수산식품부 장관 등의 명예를 훼손한 '범죄'라고 규정한다면 향후 어떠한 언론도 정부에 대한 비판을 할 수 없게 될 것이다.

정약용의 말을 빌리면 "삼가고 또 삼가는 것(흠흠欽欽)은 본시 형벌을 다스리는 근본이다." 특히 언론의 자유가 관련되어 있을 때는 더욱 그러하다. 헛될지 모르나, 검찰과 현 집권층이 '언론 없는 정부'와 '정부가 없는 언론' 중 양자택일하라면 주저 없이 후자를 택하겠노라는 미국 제3대 대통령 토머스 제퍼슨의 경구를 명심하길 소망한다.

〈한겨레〉 2008. 8. 17

MBC PD수첩 수사 맡은 부장검사의 중도 하차

MBC PD수첩의 미국산 쇠고기 광우병 보도사건을 수사했던 임수빈 서울중앙지검 형사 2부장검사가 2009년 1월 7일 사표를 제출했다.

PD수첩 사건의 주임검사인 임 부장검사는 PD수첩이 오역 등으로 정확하지 않은 내용을 보도한 점은 인정되지만 언론의 자유 등에 비춰볼 때 제작진을 기소하는 것은 무리라는 입장을 견지해 검찰 지휘부와 갈등을 빚어온 것으로 알려졌다.

2008년 4월 29일 MBC PD수첩은 '긴급취재! 미국산 쇠고기, 광우병에서 안전한가'를 방영했다. 농림수산식품부는 두 달 뒤인 6월 20일에 MBC PD수첩 제작진을 명예훼손 혐의로 검찰에 수사의뢰하였다. 프로그램 제작 과정에서 MBC가 고의적인 오역으로 한 · 미FTA 협상팀의 명예를 훼손했다는 것이었다.

수사의뢰를 받은 검찰은 그 직후인 6월 26일 서울중앙지검 형사2부를 중심으로 'PD수첩 보도 전담 수사팀'을 구성해 발빠르게 수사에 나섰다. 7월 초 검찰은 PD수첩 제작진에게 870분 분량의 원본 테이프 등 관련자료 제출을 공식 요구했다. 물론 PD수첩 제작진은 이를 거부했다.

7월 29일 검찰은 PD수첩 프로그램에 의도적 편집과 광범위한 오역이 있다고 사실상의 중간 수사결과를 발표하고 PD수첩 제작진에게 자진 출석을 요구했다. 그러나 PD수첩 제작인은 자진 출석 요구를 거부하고 MBC 내에서 농성에 돌입했다.

이 때부터 검찰 강경파는 체포영장을 집행해 PD수첩 제작진을 강제구인해야 한다고 주장했으나, 수사팀을 맡았던 임수빈 부장검사는 비록 프로그램에 문제가 있기는 하지만, 명예훼손죄를 적용하기 어려워 역효과만 있다며 반대한 것으로 알려졌다.

그 후 PD수첩 제작진에 대한 수사는 5개월 가량 아무런 진척도 없고 교착상태에 빠졌는

데, 2009년 1월 정기 검사 인사를 앞두고 임수빈 부장검사가 사표를 제출한 것이다.

임 부장은 본인 사의와 관련해 "말할 수 없지만 내 원칙이 바뀌었다고 생각하지 않는다"고만 말했다. 수차례 출석 요구에 불응한 PD수첩 제작진에 대해 체포영장을 청구하는 등 강제수사 수단을 동원하지 않은 임 부장과 강력한 대응을 주문하는 수뇌부와 갈등이 사표를 낸 주요 배경임을 알 수 있다.

명예훼손 형사처벌 폐지해야

박경신

최근 농림수산식품부가 MBC의 피디수첩 제작진이 광우병에 관한 다큐멘터리에서 다른 병을 인간광우병으로 잘못 번역한 것 등에 대해 명예훼손으로 고발하였고 검찰은 이에 대한 수사를 진행하고 있다.

정부 부처 또는 소속 공직자들의 '명예'를 보호하기 위해 정부가 검찰을 동원하여 국민과 언론을 처벌하는 것은 이명박 정부가 내세운 '선진화'와 세계적인 흐름에 역행하는 것이다.

현재 세계 각국에서는 형사상 명예훼손의 폐지에 대한 논의가 진행되고 있다. 2007년에는 회교국가인 바레인에서도 이 제도의 폐지가 논의되었다.

그 이유는 권력자들이 명예훼손의 형사처벌 제도를 정치적으로 남용하는 패악 때문이다. 형사처벌은 검찰 본연의 업무이므로 권력자는 아무런 비용을 들이지 않고 자신의 영향력 하에 있는 검찰을 동원하여 자신에게 비판적인 개인 및 단체들에 타격을 가하거나 이들을 제압할 수 있다.

이 행태는 그 사회에 매우 위험한 일인데 권력자에 대한 비판이 사라지면 그 사회는 무비판의 암흑 속에서 썩어가기 때문이다. 부패와 언론의 자유가 반비례 관계임은 매년 국제기구들의 조사에서 재확인되고 있다.

감시의 눈과 폭로하는 입이 없는 곳에는 부패가 만연하게 마련이다. 권력자가 쉽게 남용할 수 있는 명예훼손 형사처벌제도는 국민의 표현의 자유뿐 아니라 사회의 투명성과 효율을 증진하기 위해서라도 폐지되어야 한다는 것이다.

미국에서는 저 유명한 1964년 '뉴욕타임스 대 설리번' 사건과, 같은 해에 설리번 사건의 판시를 잣대로 하여 명예훼손 처벌법 자체를 위헌처분한 '개리슨 대 루이지애나' 사건 이후 뉴욕, 캘리포니아, 일리노이스, 텍사스 주를 포함한 많은 주들의 명예훼손 처벌 조항이 위헌처분되거나 주의회에 의해 자발적으로 폐기되었다. 사법부나 입법부에서 이렇게 형사상 명예훼손을 폐지하였던 이유는 1920~56년 사이의 형사상 명예훼손 사건의 2분의 1 정도가 권력자가 검찰을 동원하여 비판적 개인을 탄압하려는 시도였다는 연구 결과에서 찾을 수 있다.

유럽에서도 마찬가지이다. 유럽인권재판소는 언론인들이 정부를 비판하여 명예훼손 형사처벌을 받은 여러 사례들의 거대 다수의 사건들에서 회원국 최고법원의 결정들을 번복하였다(유럽인권협약의 회원국들에 구속력을 미치는 결정이다).

가장 유명한 것은 2006년 '리샨코 Lyshanko 대 우크라이나' 사건으

로서 유럽인권재판소는 우크라이나 총리를 비판한 기자에 대해 우크라이나 검찰이 형사처벌을 가한 것에 대해 인권침해라고 규정하여 우크라이나 법원의 유죄판결을 번복하였다.

이와 같은 흐름은 유럽과 미국에서만 국한된 것이 아니다. 아메리카대륙 30여개국이 가입한 아메리카인권협약을 해석하는 아메리카인권재판소 역시 협약에 가입한 중남미 국가들 내에서 언론인들이 자국의 정치인들에 대해 비판적인 기사를 써서 명예훼손 처벌을 당하는 것에 대해 인권협약에 위반된다는 결정을 하였다(2004년 '카네세 Canese 대 파라과이' 사건, 2004년 '헤레라-울로아 Herrera-Ulloa 대 코스타리카' 사건).

이에 따라 최근 월드뱅크, 유럽의회의 사무총장, 유엔사회경제권규약 특별조사관, 미주기구 Organization of American States 등의 국제기구들이 세계 각국에 형사상 명예훼손의 폐지를 촉구한 바 있다.

지금 당장 형사상 명예훼손의 폐지를 요구하지는 않는다. 최소한 세계 각국의 폐지 움직임의 원인을 제공하고 있는 패악은 저지르지 말아야 한다.

검찰이 피디수첩을 기소하는 날, 바로 그 날이 이 땅의 표현의 자유가 죽는 날이 아니다. 국가가 자신에 대한 명예훼손에 대해 형사처벌을 위협하고 있는 바로 지금, MBC가 그 위협에 대해 대책을 마련해야 하는 바로 지금, 그 위협에 국민과 다른 언론기관이 조금이라도 움츠리고 있는 바로 지금, 표현의 자유는 매일 매일 죽고 있는 것이다.

〈경향신문〉 2008. 7. 17

허위사실 유포로 처벌 국가 한국뿐

●
박경신

한국을 포함하여 여러 선진국들에는 허위사실에 대해 법적 책임을
부과하는 법들이 많이 있다. 허위사실이 타인의 평판을 저하하면
명예훼손, 금품을 취하기 위해 허위사실을 적시하면 사기, 상장회
사가 허위사실을 적시하면 허위공시, 다른 생산자의 표지를 자신
의 제품에 부착하여 그 생산자의 제품인 것처럼 꾸미는 식의 허위
는 상표권침해, 선거에서 표를 얻기 위해 허위(예를 들어, 뉴타운
개발계획)를 적시하면 선거법 위반 등등의 법들은 대부분의 나라
에 공통으로 존재한다.

그런데 위의 법들을 살펴보면 허위사실이 타인에게 초래하는
피해나 그 유포자가 취하는 부당이득 등에 대한 처벌이지 허위사실
그 자체에 대한 처벌이 아님을 알 수 있다. 허위사실 자체를 처벌하
는 것은 별다른 공익적 목적도 없이 표현의 자유를 과도하게 침해
하기 때문이다. 인류는 일찍이 코페르니쿠스 이후 지동설을 주장
한 조르다노 브루노의 화형을 비롯한 수많은 계몽의 위기들을 거치

며, 진실은 동시대의 권력이 독점하고 있는 것이 아니라 자유로운 토론 속에서 스스로 나타나는 것이며 그렇기 때문에 이른바 '허위'로 보이는 것에 대한 가장 효과적인 대응은 처벌이 아니라 '허위'를 비판할 수 있는 자유의 보장임을 깨우친 것이다.

하지만 한국에는 바로 허위 그 자체를 처벌하는 법이 있다. 전기통신기본법 제47조1항은 공익을 해할 목적으로 전기통신설비에 의해 공연히 허위의 통신을 한 자는 5년 이하의 징역 또는 5000만 원 이하 벌금에 처한다고 하고 있다. 바로 이 법 하에서, '단체휴교'라는 내용의 문자를 퍼뜨린 학생이 기소되었다가 무죄판결이 내려졌다. 엊그제는 정부의 외환조치에 대한 소식을 전했던 누리꾼이 이 소식이 '허위'라는 이유만으로 체포되었다.

허위사실유포죄는 위헌일 뿐만 아니라 국제인권기준을 명백히 위반한다. 자유민주주의국가에서 허위사실 자체를 처벌하는 국가는 유일하게 우리나라뿐이다. 유엔인권위원회는 이미 1990년대에 시민정치적 권리에 관한 국제규약 심사에서 튀니지, 모리셔스, 아르메니아, 우루과이, 카메룬이 가지고 있는 허위사실유포죄에 대해 우려를 나타냈다. 특히 2000년 표현의 자유에 관한 특별보고관은 허위사실유포에 대해 형사처벌 하는 것은 형평성에 어긋나며 비난받아 마땅하다고 하였다. 이에 따라 그나마 허위사실유포죄가 존재하던 후진국들도 하나둘씩 폐지하고 있다. 1978년에는 미주기구OAS 산하 미주인권위원회의 지적에 따라 파나마가 허위사실유포죄를 폐지하였다. 2000년 5월에는 짐바브웨 대법원도 허위사실유포죄는 그 죄를 통해 방지하려는 해악과 그 죄를 통해 침해당하는 표현의 자유 사이에 형평이 맞지 않는다며 위헌판정을 하였다. 비슷한 시기 카리브해 동부 소국인 앤티가바부다의 최고법원도 허위사실유포죄에 위헌 판결을 내렸다.

선진국 중에서 이례적으로 허위사실유포죄가 있던 캐나다 역시 1992년 연방대법원이 "허위보도를 형사처벌하는 자유민주주의국가는 어디에도 없다"고 지적하며 허위사실유포죄에 대해 위헌판정을 하였다. 당시 피고는 나치의 유대인 학살을 부인하던 자였음에도 국제사회는 그가 허위사실유포죄가 아니라 독일의 혐오죄로 구속되도록 심혈을 기울였다.

어떤 사람들은 이번에 체포된 누리꾼이 진짜 '미네르바'인지, 진실을 말했는지, 대학은 나왔는지, 외국금융기관에 근무한 적이 있는지에 관심이 있다. 필자는 검찰이 이 위헌적이며 국제적인 창피거리인 허위사실유포죄를 적용하거나 '피디수첩' 광우병보도 수사처럼 명예훼손죄(예를 들어, 강만수 장관에 대한)를 적용하는 코미디를 반복할지에 더 관심이 있다. 우리가 살고 있는 나라가 도대체 어떤 나라인지에 대해서 준열한 깨우침을 주기 때문이다.

〈한겨레〉 2009. 1. 10

'미네르바'를 처벌하려는 전기통신기본법 47조 1항

2009년 1월 8일 '미네르바'라는 필명으로 인터넷포털 다음(Daum)의 토론방 아고라에서 경제논객으로 명성을 떨치던 박 모 씨가 검찰에 전격 체포되고 곧이어 구속영장이 발부되었다. 그 후 그는 전기통신기본법 47조 1항 위반죄로 기소되어 재판을 받게 되었다. '미네르바'는 2008년 가을부터 정부의 환율정책을 비롯해 주요 경제정책의 문제점을 아주 정확하게 지적할 뿐만 아니라 경제상황에 대해서도 정부보다 정확하게 예측한 인터넷논객중의 대표적 인물이었다.

검찰이 그의 행동 중에서 처벌할 행위로 지적한 것중 대표적인 것은 2008년 12월 정부가 금융기관들에게 외환거래를 중단할 것을 지시한 공문을 보냈다고 쓴 짧은 글이었다. 하지만 정부가 공문으로 외환거래를 일시 중단할 것을 지시한 적은 없지만, 비슷한 취지의 뜻을 구두로 전달한 바는 있다는 점과 미네르바의 글이 공익을 해칠 목적을 가진 글이거나 또 실제 공익을 해쳤는지 단정할 수 없다는 점 때문에 검찰의 수사는 정부정책에 반대하는 사람들을 억압하기 위한 정치적 수사라고 비판받았다.

검찰이 내세운 처벌근거는 전기통신기본법이다. 전기통신기본법 제 47조 1항은 '공익을 해할 목적으로' 전기통신시설(인터넷이나 팩스 등)을 통해 허위사실을 유포한 경우 처벌한다는 것이다.

공익이 과연 무엇인지를 판명하는 것도 쉽지 않을 뿐만 아니라, 공익이 침해받았는 지 상관없이 '공익을 해할 목적'이 있었다고 추정만 되어도 허위사실이라면 처벌을 할 수 있는 것이다. 물론 공익을 해할 목적이 있었는지를 객관적으로 어떻게 알아낼 수 있을까 하는 점도 문제다. 그래서 헌법학자들은 이 법률조항이 죄형법정주의나 명확성의 원칙을 어겨 위헌적인 법률이라고 지적한다.

허위 사실을 퍼뜨려 남에게 손해를 입혔거나 명예를 훼손한 경우에는 처벌하거나 손해를 회복시켜 줘야 할 필요가 있다. 그것은 전기통신기본법의 제47조 2항에 규정되어 있다. 물론 이 법이 아니더라도 명예훼손죄나 다른 법률 조항으로 처벌 또는 손해를 배상하게 할 수 있다. 그런데 '미네르바' 사건은 남에게 손해를 입혔거나 명예를 훼손했다고 하여 검찰이 처벌하려고 하는 것도 아니다.

'사이버모욕죄'는 시대착오다

●
박경신

김경한 법무장관은 인터넷상에서 타인의 인격을 깎아내리는 글을 처벌하는 '사이버모욕죄'를 신설하겠다고 했다. 욕 등의 언사로 상대를 욕보이는 모욕은 명예훼손과는 다르다. 명예훼손은 제3자들이 상대에 대해 가지고 있는 평판을 저하시키는 것이다. 내가 상대를 '사기꾼'이라고 욕했다고 해서 다른 사람들이 그에 대해 가지고 있는 평판을 저하시킬 수는 없다. 그러기 위해서는 상대에 대한 사실적 주장을 해야 한다("'을'에게 얼마를 사기 쳤다"). 모욕은 상대가 스스로 모멸감을 느끼도록 하는 것인데 그 강도와 여부는 자신의 주관적인 판단에 따라 달라진다. 명예훼손 법리는 상대적으로 객관적인 명예 또는 평판을 보호하는 반면, 모욕 법리는 주관적인 '명예감' 또는 체면만을 보호하기 때문에 대부분의 나라에서 일반인에 대한 모욕죄는 존재하지 않는다. 대부분의 나라에서 명예에 대한 욕망은 명예훼손 법리로 충분히 보호되기 때문이다.

모욕죄의 시초는 유럽의 국왕모독죄이며 이와 같은 구시대적인 배경 때문에 자유민주주의 체제가 자리 잡힌 국가들에서는 대부분 폐지되거나 사문화되었고, 가끔 권위주의 정부들이 이를 남용하다가 유럽인권재판소에서 판결이 거의 번복되고 있다. 우리나라처럼 일반인에 대한 모욕죄가 있는 국가는 독일과 일본뿐이지만, 독일에서는 마지막 유죄판결이 1960년대였고 일본에서는 처벌이 매우 경미하다.

미국은 죄 자체가 없다. 아프리카 프랑스의 옛 식민지들과 남미에서 스페인의 옛 식민지들에서 식민통치의 잔재로 존재하고 있지만, 그곳에서도 꾸준히 폐지가 이루어지고 있다. 우리나라가 이번에 '사이버모욕죄'를 새로 만든다면 세계 유일의 사례로서 진정 '국가에 대한 모욕'이 될 것이다.

이 정부가 선진화를 꿈꾸고 있다면 역사적으로 억압과 차별을 겪어왔던 소수자들을 보호하는 혐오죄를 만들어야 한다. 대규모 노예제도를 가지고 있던 미국, 식민지를 가지고 있던 프랑스, 유태인을 학살한 독일 등은 모두 수탈과 억압의 역사 속에서 또는 이에 힘입어 현재의 선진국 대열에 올랐고 그 업보로 인종혐오행위들이 기승을 부리고 있다. 하지만 이들은 선진국답게 대응하고 있다. 미국에서는 소수민족, 장애인, 여성 등에 대한 모욕성 발언을 차별행위로 규정하고 있고 독일은 집단혐오죄와 유태인학살부인죄, 프랑스는 국적 인종 종교적 혐오발언을 처벌한다. 2007년 4월에는 EU가 인종, 원국적, 종교에 대한 혐오를 선동하는 언사를 처벌하는 법을 만들었다.

식민지의 잔재인 모욕죄에 기대어 비민주적 정권을 유지하는 아프리카나 남미의 옛 식민국가들의 길을 갈 것인가? 모욕죄는 폐지하거나 사문화시키고 피억압자들을 위한 차별 및 혐오발언 금지법을 만드는 진정한 '선진화'의 길을 갈 것인가? 선택은 분명하다.

〈조선일보〉 2008. 8. 6

사후검열도 위헌이다,
경찰은 입을 다물라

● 박경신

최근 어청수 청장 동생의 성매매 업소 투자에 관한 〈부산문화방송〉
보도 내용이 동영상으로 유튜브에 오르자 경찰청 쪽에서 명예훼손
이라며 유튜브 소유자인 구글 쪽에 임시차단 조처를 요구했다. 결
국 중국 공안이 특정 외국 사이트들을 자국민만이 보지 못하도록
차단하는 것을 보며 경악했던 우리 국민들은 국가의 후진성을 대표
하는 바로 그 메시지 "회원님의 국가에서는 볼 수 없습니다"를 보
아야 했다. 특히 최근 방송통신심의위원회가 〈문화방송〉과 〈한국
방송〉의 광우병 관련 방송 내용 및 '다음' 카페의 소비자운동 게시
물에 제재 결정을 내린 것과 관련해 심의제도 자체의 타당성을 둘
러싸고 논의가 한창 진행 중인 가운데 이루어진 일이라서 더욱 걱
정스럽다.

경찰이나 방송통신심의위원회가 위와 같이 표현의 자유에 개입
하는 것은 '넓은 의미의 사전검열'이며 위헌이다. 사전검열은 행정

기관에 의무적으로 표현물을 사전에 제출하여 위법성을 판단받도록 하는 제도이며 대부분의 국가의 헌법에서 절대적으로 금기시된다. 사전검열이 금기시되는 이유는 자기검열 때문이다. 즉 국민들이 정부에 비판적인 표현물까지 일일이 사전보고해야 하는 상황에서는 합법적인 비판도 스스로 포기하게 된다.

행정기관의 개입은 형식적으로 사후심의라 할지라도 사전검열과 똑같은 결과를 낳는다. 행정기관의 판단은 사법부의 판단에 의해 번복될 수 있기 때문에 본질적으로 잠정적이다. 보통 행정기관의 사후심의제도 아래서는 행정기관의 위법성 판단에 불복할 경우 별도의 행정제재가 가해진다. 추후에 사법부에 의해 표현물이 합법적인 것으로 밝혀지더라도 말이다. 그렇다면 국민은 합법적인 표현물이라 할지라도 행정기관의 잠정적 판단이 올바르게 나오지 않을 가능성이 두려워 그 표출 자체를 꺼리게 된다. 결국 국민은 행정기관의 눈치를 보게 되며 자기검열을 할 수밖에 없게 된다. 국민이 중립성과 독립성이 보장되는 사법기관의 눈치를 보는 것은 용납할 수 있다. 법치주의 국가에서 사법부의 판단은 최종적이기 때문이다. 그러나 행정기관은 권력자의 영향력 아래 있을 뿐만 아니라 헌법상 권력자의 합법적인 통제 아래 있는데 이들 행정기관의 눈치를 보는 것은 위헌적인 상황이다. 이렇기 때문에 미국에서는 사후심의라 할지라도 행정기관의 사후심의에 대해서는 대부분 위헌으로 판단하거나 조금이라도 모호한 기준을 이용하면 위헌 처분이 되는 것이다(표현이 아닌 행위를 행정기관이 사후심의하여 제재하는 것과는 구별되어야 한다. 행위는 일방적이며 폭력적이다. 표현은 그 효과가 듣는 사람의 지적인 반응을 통해서만 나타난다는 점에서 일방적이지 않고 폭력적이지 않다. 그렇기 때문에 행위에 대해서는 사전검열이 금지되지 않는다.).

우리나라에서도 2002년 헌법재판소는 사후심의를 일종의 '검열'로 규정하며 위헌이라고 선언한 바 있다. 당시 심의기준이었던 '불온통신'이 행정기관에 맡기기에는 너무 애매모호하며 더욱이 인터넷사업자에게 같은 기준으로 이용자들을 감시 및 제재하도록 강요했다는 이유였다.

이번 '다음' 게시물에 대한 심의는 2002년 헌재에서 위헌 결정을 받은 것과 똑같고, 단지 심의기준만이 또다른 '목적' '교사' '방조' 등의 모호한 문구로 대체됐을 뿐이다. 문화방송과 한국방송에 대해 이루어진 '공정성' 심의도 위헌성이 검토되어야 한다. '공정성'은 이미 위헌 결정을 받은 '불온통신'보다 더 모호하다. 전파자원의 희소성 때문에 방송에서만큼은 예외적으로 행정기관의 심의가 자유로이 허용되어야 한다는 주장도 있지만 지금은 인터넷·케이블 등 다양한 대안미디어 등이 폭발적으로 발전한 상황이다. 미국은 이미 1980년대에 연방통신위원회의 방송심의 기준에서 '공정성'을 삭제하였는데 그 이유를 곱씹어보아야 한다. 역대 정권들이 '공정성'이라는 심의기준을 이용해 비판세력을 제압하려 했기 때문이었다. 이번에 경찰청이 아무런 기준도 심의도 없이 '명예훼손'이라는 책임지지 못할 주장으로 유튜브 동영상을 차단시킨 것이 위헌임은 두말할 것도 없다. 경찰청장 개인에게 쏟아질 비판을 막기 위해 경찰청이라는 공공기관의 이름과 자원이 남용된 정황을 볼 때 우리는 행정기관에 의한 심의는 사후심의라도 위헌인 이유를 다시 되새길 수 있다.

<한겨레> 2008. 8. 1

분리교육은 차별입니다

● 한상희

장면 # 1: 아빠, 나 중학교 가기 싫어요

"딸아이는 아주 짧게 말하더군요. '중학교 가면 공부 잘 하는 반, 못 하는 반 나눈대'." 한 블로거의 아빠는 딸아이의 투정을 달랠 말을 찾느라 안절부절이네요. 초등학교 다니는 이 딸아이의 성적은 어렴풋이 중상위권 정도로 추정된다고 합니다. 초등학교에서야 시험 성적이 나와도 반 등수를 알려 주지 않으니까 그냥 추측만 할 정도겠지요. 어쨌든 민영화를 걱정하고 광우병문제를 들먹이며 아빠를 당황하게 만든 이 초등학교 4학년짜리 딸아이는 '공부 못 하는 반'보다는 공부 못 하는 아이로 찍혀서 '낙오생' 혹은 잘 해야 '노는 아이'로 보일 수밖에 없는 중학교 그 자체가 싫은 모양입니다.

우열반제도는 새 정부 들어서 자율이라는 이름으로 널리 허용될 것이라 합니다. 하기야 그동안도 알게 모르게 이런 선 긋기는 비일비재하였지요. 성적에 관계없이 모든 아이들을 한 반에 넣고 똑

같이 수업하는 것은 결국 하향평준화만 만들어내는 셈이라고 비판을 해대며 이런 저런 우열반들을 만들어 운영해 왔던 것도 사실이지요.

하지만 그래도 이런 '교육적 효과' 주장에 대해 뭔가 의구심이 남습니다. 잘 하고 못 하고의 기준이 무엇이며 그것이 아이들의 성장이나 '사회발전'에 미치는 영향이 무엇인지에 대한 똑 부러지는 답변이 없기 때문입니다. 실제 '공부 잘 하는 아이'라고 하지만 엄밀히 보자면 문제를 잘 풀어 시험성적이 좋은 아이를 말할 뿐입니다. 창의적이어서 선생님의 설명마다 딴지걸고 나서거나, 논리력과 추리력이 풍부하여 꼬치꼬치 캐묻거나, 손재주가 뛰어나 친구들의 핸드폰을 예쁘게 코팅해 주는 아이들은 여기에 포함되지 못합니다. 그저 언어 · 수리 · 외국어 영역별 시험능력이 뛰어난 아이들만을 지칭할 따름입니다. 심지어 언어영역은 잘 하지만 수리나 외국어는 별로인 학생조차 도태되어 버립니다.

문제는 이런 기준으로 '공부 잘 하는 아이'와 '공부 못 하는 아이'로 나누는 우열반제도는 그 아이들의 심리에 상당히 깊은 흔적을 새겨 놓는다는 점이지요. 공부 못 하는 아이에게 열등감과 좌절감, 혹은 소외감의 상처를 남겨 둡니다. 더불어 이 아이들의 가치관 자체를 흔들어 놓습니다. 무슨 짓을 하더라도 오로지 시험을 잘 보아 다른 아이들보다 1점이라도 더 좋은 성적을 거두어야 한다는 결과 중심적 사고와 극단적인 경쟁의식을 불러일으키고 이를 바탕으로 모든 사람과 사건들을 판단하게 만드는 집단 심리를 강요한다는 것입니다.

앞서 말한 초등학생 딸아이의 고민은 여기에 있지요. 공부 좀 잘하지 못한다는 이유만으로 이리 저리 낙인찍히고 모멸당하는 미래의 자기 자신의 모습이 벌써부터 미워지는 것이겠지요. 소개팅에서 만난 남학생이 '너 1학년 몇 반이냐?'라고 묻는 순간 자신이 '범생이'인지 아니면 '날라리'인지 고백하여야 하는 황당한 현실이 어린 소견에도 걱정스러웠던 것이겠지요.

장면 # 2: 어느 인형이 추하게 생겼지?

"네 앞에 흰 여자인형이랑 까만 여자인형이 있지? 어느 인형이 너랑 닮았어?" "까만 인형요." "흰 여자인형이 예뻐, 까만 여자인형이 예뻐?" "흰 여자인형요." "그럼 둘 중에 어느 것이 추하게 생겼지?" "…." "어느 인형이 너를 좋아할 것 같아?" "… 까만 … 인형요."

우리나라에서는 6·25전쟁이 한창일 때 미국 텍사스에서는 인종차별에 대한 전면전이 벌어지고 있었지요. 백인과 흑인은 평등하지만 같이 어울릴 수는 없다고 하는 소위 짐 크로우 법이 시행되고 이에 따라 모든 학교가 백인학교와 흑인학교로 구분되어 있던 시절, 몇몇 용감한 흑인 지도자들은 이 "분리하지만 평등seperate but equal"이라는 원칙에 도전하였습니다. 아무리 조건을 똑같이 만들어준다고 하더라도(실제 조건이 같을 수 없지요. 흑인학교는 항상 쪼들리고 부족하고 불충분하였답니다) 분리교육은 분리하여 교육시

킨다는 사실 자체만으로도 불평등하다고 주장하면서 백인학교와 흑인학교를 통합하여 서로 같이 공부할 수 있도록 하여야 한다고 주장하였던 것입니다.

앞의 인형 이야기는 이 소송에 제출하기 위한 과정에서 분리교육이 학생들의 심리에 어떤 영향을 미치는가를 밝히기 위해 한 실험의 한 토막입니다. 결론은 뻔하다. 노예제가 폐지되었다 하더라도 여전히 비참한 생활을 벗어날 수 없었던 흑인들은 그나마 신분 상승의 탈출구를 마련한다고 알려져 있는 학교에서조차 열등감을 강요당하고 있음이 증명된 것이지요. 실험 결과 흑인학생들은 자신들을 흑인으로 인식하면서도 흑인이기를 거부하고 싶은, 하지만 그럼에도 불구하고 스스로를 '열등한' 흑인일 수밖에 없다고 느끼게 되는 것이지요.

같은 교재에, 같은 교육과정에, 같은 자격을 가진 교사에 의해 교육을 받는다 하더라도 흑인 아이들은 백인학교에 갈 수 없다는 사실만으로, 백인 아이들과 어울리지 못하도록 구획된다는 이유만으로, 더 궁극적으로는 학교에 갈 때마다 자신은 흑인학교에 다녀야 하는 "흑인"이라는 점을 재확인하게 된다는 현실만으로 이들은 백인에 대한 인종적 열등감을 가슴속에 파묻고 살아가는 존재가 되는 것이지요. 한마디로 다른 무엇이 어떻게 되든 관계없이 백인/깜둥이와 같이 일정한 사회적 가치판단이 깔린 기준에 의해서 분리되었다는 사실만으로 그 사회는 흑인 아이들에게 평생 씻어내기 어려운 열등감을 심어주고 이로 인해 이 아이들은 사회의 밑바닥 인생을 강요당하는, 억장 무너지는 상황이 만들어지는 것이지요.

　미국의 역사를 바꾼 판결로 다섯 손가락 안에 드는 것이라 평가받는 브라운Brown사건은 이렇게 만들어집니다. 미국연방대법원은 분리교육은 그대로 차별이며 따라서 위헌이라고 판결하였지요. 그리고 흑인학교와 백인학교는 즉각적으로 통합하여 흑인아이와 백인아이가 서로 어울려 함께 지낼 수 있도록 할 것을 명령했지요.

장면 #3: 방과 후 읍내를 배회하는 '무능'한 학생들

그런데 이런 분리교육은 인종차별이 심한 미국만의 문제는 아닌가 봅니다. 미국이 인종차별로 아이들 가슴에 평생의 낙인을 찍었다고 한다면 우리나라에서는 그 어쭙잖은 학력學力으로 아이들을 괴롭힙니다.

　강원도의 10개 고등학교가 그리 하였지요. 몇몇 과목만을 기준으로 성적 우수반과 그렇지 않은 반으로 나누고 성적우수반 학생들에 대해서는 명문대학에 진학하는데 써 먹을 수 있는 모든 필살기들(경우에 따라서는 올바르지 못한 요사스런 기술인 사술邪術도 가르칠 필요가 있었을 텐데요.)을 가르쳤다고 합니다.

　순창군의 인재숙(기숙형 공립학원)은 또 다른 버전입니다. 아예 군청에서 기숙형 학원을 차리고 국영수 시험성적이 뛰어난 학생들을 선발, 입시준비를 시켰지요. 사실 순창군의 경우 지역 내에 변변한 학원이 없어 웬만한(?) 학생이라면 대부분 대도시로 유학 가

버리는 바람에 지역공동체 그 자체의 존속까지도 걱정될 정도라고 합니다. 이에 순창군 주민들은 거주지를 기준으로 한 고등학교 배정방식은 자신들을 차별하는 것이라고 헌법재판소에 제소하기도 하는 등 교육에 대해서는 남다른 관심을 보여 왔습니다.

하지만 그렇다고 해서 인재숙을 세워 국가기관인 군청이 사교육의 선봉을 자임하고 나선 것은 그리 좋은 모습은 아니지요. 더구나 이 사교육 자체도 관내 모든 학생들이 아니라 국영수 시험성적이 좋은 아이들에게만 제공되었지요. 특히 이들을 '선발'하여 기숙사에 수용하는 바람에 관내 학생들을 두 집단으로 나누어버리는 결과를 야기합니다. 즉 순창군의 학생들은 인재숙 학생과 그렇지 않는 학생으로 구분되고 전자는 모범생으로 명문대학에 진학하여 순창군의 발전에 기여할 지역 인재이며, 후자는…. 뭐라고 말해야 좋을지 알쏭달쏭하네요.

실제 분리교육이 무서운 것은 그것이 대부분 사회적 낙인과 같이 이루어진다는 점입니다. 엄밀히 보자면 수준별 이동수업도 마찬가지입니다. 영어수업에서 고급반과 초급반으로 나누어진 학생과 체육수업에서 축구반과 농구반으로 나누어진 학생에 대한 사회적 인식은 결코 같지는 않을 것입니다. '수준별'이라는 이름으로 '우열'을 나누고 이에 따라 '선악'까지 나누어버리는 세상의 인심은 학생들로 하여금 모든 수업에서 우수반에 들어야만 제대로 사람대접 받을 수 있다는 집단압력에 시달리게 한다는 것입니다.

우열반이나 인재숙의 경우는 이런 억압을 극대화합니다. 1년 동안(어떤 경우는 3년 내내일 수도 있겠지요) 매일같이 성적우수반을 우회(?)하여 '보통반'인 자기 교실로 들어가야 하는 학생의 입장에서는 그 성적우수반은 선망의 대상이기 이전에 매일같이 자신의 열등감을 확인시키는 저주스런 상징이 되어 버리고 맙니다. 인재숙은 더 심하지요. 학교가 파하면 모범생들은 '지역발전에 공헌할 예비인재'가 되어 인재숙에서 공부하고 있는데, 자신은 하릴없이 읍내 길거리를 배회하다 동네 어르신들로부터 꾸중이나 듣기 일쑤인 오후를 보내야 하는 갑갑한 상황이 벌어집니다.

우열반이 만들어내는 사회적 억압은 이렇게 구성됩니다. 우열반은 능력 있는 학생을 선발하여 수준에 맞는 교육을 시키는 제도이기 이전에 '능력이 없다고 판단되는 학생들을 골라내어 다단계로 걸러내는' 일종의 사회우생학적 폭력인 것이지요. 다른 말로 하자면 우열반제도는 학생들에게 "무능하다"는 표시를 찍고 사회적으로 도태시키는 기능을 수행하고 있는 것입니다. 열등감은 우열반제도의 본질적인 내용이 된다고 말하는 것이 바로 이 때문입니다. 그것은 단순히 능력에 따른 교육의 부산물이 아니라 우열반 제도가 지향하는 궁극적 목표 중의 하나인 셈이지요.

장면 # 4: 국가인권위, 성적우수반 편성은 차별적 분리교육

그래서 유네스코가 정한 '교육차별금지협약'은 분리교육을 회피대상으로 삼고 있나 봅니다. 물론 우리나라는 아직 이 협약에 가입하지 않아서 괜찮다고 억지 부리는 사람도 있겠지만 어쨌든 분리교육이 바람직하지 못하다는 것은 인류사회가 인정하고 있는 셈이기는 하지요.

지난 5월 국가인권위원회가 강원도의 우열반제도와 순창군의 인재숙에 대하여 차별이라고 결정한 것은 이런 인식에 의한 것으로 보입니다. 인권위는 이 결정을 통해 "특정과목의 성적을 기준으로 상시적이고 전반적인 성적우수반을 편성한 것은 합리적인 이유 없는 차별적 분리교육"이며 이로 인해 학생들의 평등권이 침해되었다고 선언하였지요. 정말 올바른 판단입니다. 이 분리교육으로 인해 학생들은 1년 내내 열등감을 강요당하며 학교생활을 하여야 하기 때문이지요.

그 분리의 기준이 오로지 국영수 등의 시험성적이라고 한다면 더더욱 그렇지요. 나의 인간성과 능력과 자질은 아랑곳하지 않고 유독 내가 잘 못하는 시험성적만으로 나의 모든 것을 폄하하고 차별한다면 어느 누가 억울하다 하지 않겠어요?

혹자는 이를 두고 지역간 국가간 경쟁이 치열한 현대사회에서 인재양성 외에는 먹고 살 길이 없는 우리 형편에 맞지 않는 결정이라 비난하기도 합니다. 빌 게이츠가 한 해 벌어들이는 돈이 얼만데 하면서 엘리트 양성의 필요성도 같이 내세웁니다. 과연 그럴까요? 빌 게이츠의 수입은 수많은 노동자로 구성된 마이크로소프트라는 회사의 매출로부터 나오지요. 엄청난 수익을 거둔 영화 〈타이타닉〉의 경우 그 창작의 토대를 이룬 것은 보통사람들이 만들어내는 미국사회의 대중문화입니다. 인간 게놈을 해독하고 유전자를 복제해 내는 최고과학자의 두뇌는 사회를 구성하는 일반대중의 지지가 있을 때 인간생활을 변화시키는 원동력이 될 수 있습니다.

인재의 양성보다는 그 인재를 인재로 만들어내는 건전한 대중사회의 형성이 더 중요하다는 것입니다. 국가경쟁력은 몇몇의 인재가 아니라 대중의 집합적 힘이 만들어내는 것이라 보아야 하겠지요. 물론 인재 양성의 필요성까지 부인하는 것은 아닙니다. 되려 인재를 양성하기 위해서라도 초중등학교과정에서의 '평등'교육은 무엇보다 절실한 것임을 강조하려 하는 것입니다.

그리고 이 점에서 인권위의 결정은 참으로 반갑고도 의미 있는 것이라 하지 않을 수 없습니다. 신자유주의를 평계로 개발독재에 터잡은 특권경제로 무한회귀하려는 새 정권의 무모한 교육정책 앞에서 인권위의 이번 결정은 작지만 뚜렷한 가이드라인을 제시한 셈이지요. 그래서 한 번 더 읽어 보고 싶습니다. "공교육은 … 모든 학령아동에게 그 능력에 따라 균등하게 제공되어야 합니다. 학교 등 교육기관은 (교육에 대하여) 상당한 재량을 가지지만, 이 재량은 '인격', '생활능력', '민주시민으로서 필요한 자질'의 함양이라는 교육기본법상의 목적에 구속되는 한도 내에서만 유효하다 할 것입니다."

정말 좋은 결정입니다.

<세상을 두드리는 사람> 19호, 2008. 7-8

民主司

2부

민주사법을 향한 한걸음

1장 **누가 대법원장이 될 것인가**

사법 파동, 아무것도 끝난 것은 없다

● 차병직

"논쟁이나 토론의 목적은 승리여서는 안 되고 개혁이어야 한다"는 말이 있다. 아침 신문마다 다들 한고비 넘겼다고 쓰고 있지만, 아무리 거듭되더라도 각자의 입장에서 쏟아내는 말들은 개혁의 전초에 지나지 않는다.

마찬가지로 전국 법관 대표자회의 결과 대법원장을 지지하기로 의견을 모으고 그에 힘입어 대법원장이 애당초 생각대로 대법관 후보를 제청해도, 그리하여 무사히 국회를 통과하고 대통령이 군소리 없이 임명한다고 하더라도, 그것은 결코 사태의 종결을 의미하지 않는다. 오직 진정한 결말은 사법 개혁에 있을뿐이다.

헌법이나 법률이 바뀐 것도 아닌데 새 대법관을 뽑는 방식을 두고 논란을 벌인 근본적인 원인이 어디 있는지 살펴보자. 우선 이번 파동의 발단은 시민단체와 변호사단체의 대법관 후보 추천에서 찾을 수 있다. 대법원 밖에서 대법관 후보를 군이 추천하는 이유는 두 가지다.

첫째 시대의 변화에 부응할 수 있는 대법원을 원하기 때문이고, 둘째 대법원 스스로 변모하려고 들지 않기 때문이다. 그러나 개혁 요구에 대한 반론과 저항은 일찌감치 시작되고 있었다. 조선일보는 "너도 나도 '대법관 후보' 추천하나"라는 사설을 뽑았다(8월 4일자).

이틀 뒤에는 그 논조를 뒷받침하는 서울법대 양창수 교수의 "대법관 공개 추천 재고해야"라는 칼럼이 실렸다. 하지만 그 논거는 이해할 수 없을 정도로 빈약하다. 기껏 '업무 능력'을 말하고 있을 뿐이었다.

주권자로서 국민이 대법관 후보를 추천하는 것은 권리이기도 하다. 여러 단체가 이익을 대변해 줄 사람을 천거하는 것은 대법원이 단순한 재판 기관이 아니기 때문에 당연한 것이다. 그리고, 대법원 밖의 단체에서 추천한 후보 중에 업무 능력이 없는 사람이 어디 있단 말인가.

대법원장의 헌법상 제청권을 중심으로 한 대법원의 주장은 기본적으로 맞는 말이다. 현재의 헌법은 대법원 구성을 바꿔보려는 개혁론자들에겐 최대의 걸림돌이자 약점이다. 그렇기 때문에 이토록 수많은 말들은 상당한 권한을 가진 대법관과 대법원장 스스로 생각과 행동을 바꾸라는 요구에 다름 아닌 것이다.

그러나 대법원은 그 열망에 부응하기는커녕, 겨우 대법관제청 자문위원회라는 형식으로 미동을 보여주었을 뿐이다. 그나마 실질적인 논의를 이뤄내지 못했으므로, 법무부장관과 대한변협회장이

중도에 하차한 것은 국민의 정치적 의사를 반영한 당연한 행동이다. 대법관제청자문위원회는 대법원 내규로 만든 것이므로, 당연직 운운하며 장관과 협회장을 구속하거나 탓할 수도 없다.

어쨌든 대법원 구성의 개혁을 원하는 국민은 대법관 선출을 정치적으로 결정하고 싶어한다. 새 정부와 대통령도 거기에 기대어 마찬가지 심정일 것이다. 반대로 사법부는 지금까지 해오던 대도 관료적 선출을 유지하고자 한다. 이 대립은 어차피 화해될 수밖에 없는 것이다. 그 시간이 문제일 뿐이다.

우리가 직시해야 할 목표가 무엇인지 도와라도 주려는 듯, 사법부에 덩달아 검찰도 어수선하다. 청주지검 사건은 얼핏 사소한 일처럼 보였던 지점에서 온갖 비리가 들추어지고 있다. 검찰 내부의 감찰 권한을 법무부가 가진다고 해결될 문제가 아니다. 다시 전반적이고 전체적인 사법 개혁의 조감도로 눈을 돌려야 한다. 어차피 불가피한 개혁이라면, 서두를 필요도 있는 것이다.

일주일 남짓 짧은 기간이었지만, 대법원 구성에 관해 많은 이야기가 오고 갔다. 격론이라 해도 좋을 그 과정에서 국민들은 꽤 많은 것을 알고 느꼈을 것이다. 그러나 지난 한 주간의 논쟁과 토론은 국민들을 자극하거나 교육할 목적으로 만든 쇼 프로그램이 아니다. 국민들에게 보여 준 만큼 그것은 개혁의 완성으로만 덜 수 있는 부담일 뿐이다.

사법부와 검찰을 비롯한 법조계 전체, 정부와 국회 모두에게 부과된 과제이다. 목표를 제대로 알고 있어야 거기에 도달할 수 있다.

유일하고 완전한 목표란 존재하지 않겠지만, 우선 우리가 함께 인식한 목표라도 이뤄내야 비로소 한고비 넘겼다고 말할 수 있을 것이다.

〈오마이뉴스〉2003. 8. 20

누가 대법원장이 될 것인가

차병직

대법원장이 바뀐다고 사법부가 바뀔까. 우리의 대답은 망설임 없이 "그렇다"이다. 물론 누가 대법원장이 되느냐보다는, 새 대법원장이 어떻게 하느냐에 달려 있다. 만약 지금의 우리 사법부가 변해야 할 역사적 요청을 받고 있는 사정이라면, 새 대법원장은 당연히 무언가 어떻게 할 수 있는 사람이 돼야 한다. 전통과 관습과 법률에만 얽매여 있지 않고, 새 시대의 요구를 유연하게 이해하고 수용할 가능성이 있는 사람을 임명해야 한다. 무난하고 원만하게 법원을 이끌어갈 능숙한 사법 관료가 아니라, 사법부의 미래에 대한 신념을 가지고 지금까지 보지 못했던 청사진 한 장면이라도 제시할 수 있는 참신한 일꾼이 취임해야 한다. 이런 주장에는 정당성이 있다. 사법부는 본질에서부터 근본적으로 더 바뀌어야 한다. 그러기 위해서는 변화를 이뤄낼 수 있는 사람이 대법원장이 돼야 한다. 이번 〈사법감시〉는 그 이유를 밝히기 위해 만들었다.

    사법부는 왜 근본적으로 변해야 하는가. 이 물음과 요구에 대해 법원 안팎의 일부에서는 그동안 사법부가 많이 바뀌지 않았느냐고 반문한다. 듣고 보면 그런 것 같기도 하다. 50년 전이나 10년 전과 비교해도 변한 것은 사실이다. 제도도 꽤 바뀌었고 구성원에도 약간의 변화는 있었다. 하지만 개혁이든 개선이든 그 변화의 실상은 피상적이거나 지엽적인 것에 지나지 않는다. 과거 사법부의 고질적 본바탕은 의연히 유지되고 있으며, 그것 때문에 문제나 부작용이 여전히 제기되고 있다. 최근에는 그 질책과 자성의 소리가 법원 바깥보다 안에서 점점 더 커지고 있는 현실이다.

바람직한 사법부의 모습은 어떤 것인가. 그 목표를 앞에 새기고 따져 보면 지금까지 성취했다는 사법부 개혁의 허실을 쉽게 발견할 수 있다. 밖으로는 국민의 기본적 권리를 보장하여 신뢰를 얻고, 안으로는 관료화에 안주하지 않고 민주적으로 움직이는 사법부가 우리의 바람이다. 오늘 이 시간까지 끊임없이 변모를 추구해 왔다는 사법부는 과연 그 기준에 부합하는가. 대법원은 헌법과 법률의 형식적 해석에서 벗어나지 않는다는 이유를 방편으로 소수의 이익을 무시한 사례는 없는가. 사회적 약자의 권리보다 오히려 국가나 기업이나 금권의 힘 편에 기울어 묵시적 사정판결을 해버린 경우는 없을까.

우리 법원의 근황에서 이상적 열망으로부터 좀 벗어난 그런 사례를 부인할 수 없다면, 그 근본적 원인은 어디서 찾아야 할까. 두말할 나위 없이 법원 내부의 구조적 모순이다. 좀더 단순하고 명료하게 표현하면 법관 인사 제도에서부터 문제가 시작된다고 말할 수 있다. 법관 인사의 최상층에는 지금도 대법관이란 자리가 차지하고 있다. 따라서 법관이 마지막에 오를 수 있는 최고의 지위가 여전히 대법관으로 인식되고 있는 것은 주지의 사실이다. 그래서 같은 해 임관한 동기 중에서 한두 명이 그 자리를 차지하고 나면, 불운의 탈락자들은 스스로 물러나는 전통의 미풍을 지킴으로써 한 기수의 사법사를 마감한다. 하지만 대법관이란 배석 판사로 출발한 사법 관료의 마지막 승리자 몇 사람에게 안겨 주는 월계관이 아니다. 그리고 그런 양식은 무엇보다 대법원의 정책법원화를 계속 가로막는 장애물이 된다. 무엇보다 대법원 구성은 다양하게 해야 한다. 다양한 대법원 구성은 법원 밖의 법률가를 대거 대법관으로 임명함으로써 가능하다. 대법관을 관료 법관의 마지막 승진 경쟁에서 이긴 사람을 위해 마련해 둔다면, 다양성을 통한 정책법원은 점점 멀어진다.

그 바로 아래는 더 심각하다고 표현할 수밖에 없다. 고등법원 부장판사라는 자리다. 고등부장 승진은 현재 법원 인사 제도가 전형적인 관료제도의 틀에 옭매여 있다는 사실을 그대로 보여 준다. 대법관은 수도 적고 어느 정도 관운이 따라야 하는 것으로 치부할 수 있다. 하지만 고등부장이란 자리는 중도에 포기하지 않는 한 법관 생활의 마지막 승부처다. 그 전 단계인 지방법원 부장판사는 연수만 채우면 누구나 다 되기 때문이다. 그리하여 중견 법관들의 첨예한 촉각은 고등부장 승진 가능성에 집중된다. 탈락하면 사직이고, 상처를 입고 그만둔 그들에겐 전관예우가 위로의 보상으로 베풀어진다. 그래서 작년 초 법원을 떠난 두 사람의 법원장은 하나같이 고법부장 승진 제도의 폐지 없이는 법원 개혁이 불가능하다는 퇴임사를 남겼다.

　이것으로 지금까지 법원 개혁의 허점을 충분히 증명할 수 있겠다. 단일호봉제라는 선의의 제도를 마련했음에도 불구하고, 사실상 존재하는 고법부장 승진 제도가 관료화의 폐해를 막지 못하고 있다. 그리고 대법원의 구성과 운영은 요지부동이다. 그동안 애써 준비했다는 예비판사 제도, 일부 변호사의 법관 임용, 법원의 통합과 신설 등이 무슨 근본적 개선책이 될 수 있겠는가. 장막을 거둬 보니 여전히 법관의 세계는 피라미드요, 그 정점에 대법원장이 있다.

　그렇다면 왜 대법원장이 핵심인가. 법관 인사 제도에서 모든 문제가 비롯한다 하더라도, 그것이 대법원장만의 책임일까. 놀랍게도 거의 그렇다. 우리 현실은 그렇다. 바로 사법부의 모든 권한이 대법원장 한 사람에게 집중되어 있기 때문이다. 대법원장은 13인의 대법관 전원에 대한 임명 제청권을 행사한다. 그리고 고등부장은 물론 예비판사를 포함한 전국 법관의 근무 평정과 임명, 보직 부여, 징계에 관한 권한을 쥐고 있다. 대법원장은 앞에서 근원적 문제로 든 대법원 구성과 고등부장 승진 인사의 직접당사자다. 어디 그뿐인가. 헌법재판소를 비롯한 5개 주요 국가기관의 구성원 13명에 대한 지명권이나 추천권을 가지고 있다. 법관 인사에 영향을 미치는 6개 위원회의 50여 명에 이르는 위원 위촉도 그의 몫이다. 대법원의 재판은 물론 전국 법원의 예산과 행정에 관한 권한도 예외가 아니다.

대법원장의 권한은 막강하다. 외국에서도 유사한 사례를 찾아보기 힘들 것이다. 당연히 바람직하지 못한 우리 특유의 현상이다. 사법부의 인사, 예산, 행정에 관한 대부분의 권한이 대법원장에게 몰려 있는 실태는 실질적 민주화의 요구에는 물론 지방자치 시대의 정신에도 맞지 않는다. 이렇게 한 사람에게 권한이 집중된 연유는 어디에 있을까. 어쩌면 과거 비민주적 정부 시절 사법부 독립이란 미명 아래 모든 권한을 대법원장에게 집중시킨 뒤, 독재자는 대법원장만 움직여 사법부를 장악하는 것이 편했기 때문일지 모르겠다.

어쨌든 우리 주장의 결론은 선명하게 드러났다. 어떤 인물이 새 대법원장에 적합한가. 다양하고 다층적인 시대적 가치를 받아들이고 적극적으로 미래에 대비하는 진취적 인물이 되어야 한다. 그리고 현실적으로는, 무엇보다 주체할 수 없이 과중한 대법원장의 권한 일부를 스스로 포기할 수 있는 용기를 가진 사람이어야 한다. 법관 인사 제도의 개혁은 궁극적으로 대법원장의 권한 축소를 의미하고 있다는 사실을 잊어서는 곤란하다. 이미 법원 내부에서도 이 부분에 대한 공감대는 상당히 형성되어 있다. 난공불락의 대법원장에서 막힌 부분만 해결되면, 법관들 스스로 합리적 개선을 위해 사심을 버리겠다는 분위기가 감지된다.

진취적이고 기존의 권한에 연연하지 않을 대법원장은 법원 안에서보다는 밖에서 찾는 것이 더 쉬울 것이다. 법원 내부에서 후보에 해당할 만한 사람은 이미 지금까지 승진의 관료제 습성에 젖어 있을 터이다. 혹 좋은 의지를 가진 인물이라 하더라도, 법원 내부의 피라미드 구조에서 형성된 인간관계의 부담 때문에 신념을 충분히 실현하기 어려울 것이다. 그러므로 새 시대의 대법원장은 우선 법원 밖에 있는 사람이어야 한다.

법원 밖에서 적임자를 찾는다면, 너무 세세한 경력이나 조건을 따지지 않아도 무방할 것이다. 윌리엄 하워드 태프트는 미국 27대 대통령의 임기를 마친 뒤 8년만에 다시 연방대법원장 자리에 앉기도 했다. 나이가 너무 많다고 걱정할 일도 아니다. 혹 적당하다고 생각되는 사람이 대법원장 임기를 채울 수 없는 고령이라고 정치권 눈치를 볼 필요가 없다. 일본에서는 정년이 1년 3개월 남은 후지바야시 에키조를 중간 구원투수처럼 최고재판소 장관에 임명했다. 그 뒤에는 검찰 출신 오카하라 마사오로 하여금 겨우 임기 1년 7개월을 수행하게 했다. 우리 법원사에서도 13명의 대법원장 중 임기를 제대로 마친 사람은 절반밖에 되지 않는다.

그렇다고 고령의 후보자에게 우선권을 부여할 근거는 전혀 없다. 오히려 우리 시대의 요구에 부응할 수 있는 새 대법원장은 훨씬 젊어야 가능할지 모른다. 파격적 인사라 하더라도 두려워할 이유가 없다. 미국 연방대법원에서 무려 37년 동안 근무하며 위대한 소수의견자로 칭송받은 윌리엄 더글러스는 약관 41세에 임명됐다.

임명권자인 대통령은 변화를 거부하고 기득권을 수호하려는 계층의 여론이나 상대적으로 커져버린 여당의 정치 공세에 질려 서둘러 타협해선 안 된다. 여론도 적당히 무마하고, 국회도 무난히 통과할 수 있는 성향의 인물 중에서, 사법 개혁의 수행 능력과는 관계없이 대통령과 정부 여당의 의중을 잘 헤아려 줄 사람을 내심 정해 놓고 있는 건 아닌지 염려스럽다. 1995년 일본에선 전후 반세기 만에 처음으로 사회당의 무라야마 토미이치가 수상이 되어, 많은 사람들이 막 새로 임명해야 할 최고재판소 장관에 진보적 인물이 등장하리라는 꿈을 품게 되었다. 하지만 무라야마는 최고재판소의 분위기에 편승하여 보수파인 미요시 토오루를 기용해 기대를 저버리고 말았다. 그런가 하면 미국에선 정반대의 사태가 벌어졌다. 공화당의 아이젠하워 대통령은 의심의 여지 없이 얼 워렌을 연방대법원장으로 임명했다. 굳건한 보수주의자인 줄 알았던 워렌은 기존의 형식에 구속되지 않고 세계 사법사를 통틀어 가장 찬란한 진보적 사법적극주의의 금자탑을 세웠다. 훗날 아이젠하워는 워렌을 임명한 것이 큰 실수였다며 탄식했다.

대통령은 인간적으로 믿고 임명한 대법원장으로부터 배신당할지 모른다. 따라서 너무 사적인 소통에 의한 정보와 신뢰에만 의존해서는 곤란하다. 그런데 어차피 배반당한다면 위의 두 사례 중 어느 쪽이 더 나을지도 생각해 볼 일이다. 역시 변호사이자 미식축구 선수이기도 했던 미국 대통령 제럴드 포드가 한 말이 있다. "대통령의 임명권 행사 중 연방대법원 판사 지명만큼 국가 장래에 영향을 미치는 일은 없다." 우리 사법부는 물론, 우리 사회 전체를 보아도 새 대법원장의 의미는 크다. 역사적으로나 정치적으로나, 새 대법원장에 누가 임명되느냐에 따라 우리의 가까운 미래가 달라질 수도 있다. 우리 사법사상 그리고 우리 정치사상 처음으로 맞는지도

모르는 이 기회를 그냥 보낼 수는 없다. 마땅히 달라져야 할 부분을
서슴없이 다르게 할 수 있는 대법원장을 기대한다. 이번 여름 우리
의 서늘한 희망이다.

〈사법감시〉 25호, 2005. 7. 20

대법원장은 법관 승진코스가 아니다

미국 사법사_{司法史}에서 가장 위대했던 대법원장을 들라면 많은 미국 사람들은 서슴없이 워렌 대법원장을 꼽는다. 그런 워렌도 1950년 대 초 아이젠하워 대통령에 의해 대법원장에 임명될 당시만 해도 법관 경력이 전혀 없는 정치인에 불과했다. 물론 로스쿨은 졸업했지만, 졸업 후 줄곧 공화당원으로 정치 일선에 뛰어들어 캘리포니아 주지사까지 지냈던 그였다. 이 워렌 대법원장이 이끈 진보적이고 사법적극주의적인 미국 대법원의 모습은 지금까지도 미국국민들에게 법원이 국민을 위해 무엇을 해 줄 수 있느냐를 보여준 모범적인 사례로 기억되고 있다.

며칠 전 14개 시민사회단체가 모여 새 대법원장의 바람직한 인선기준에 대해 시민사회의 목소리를 담아내는 토론회를 가졌다. 이 자리에서 제시된 바람직한 새 대법원장의 모습으로는, 과감한 법원개혁을 통해 우리 사법부의 고질병인 사법관료주의를 혁파하고 입법부나 행정부 견제의 역할을 적극적으로 수행하며 '소수자와 약자 보호'라는 사법부 본연의 사명에 충실할 수 있는 새로운 사법부를 이끌어 낼 참신한 인사여야 한다는 데 의견이 모아졌다.

이에 대해 조선일보는 그 다음날 '시민단체 사법 간섭 이렇게 막 가나'라는 선정적인 제목 하에 시민단체의 자유로운 의견 개진에 대해 악의적인 폄하로 일관하는 사설을 실었다. 전체적인 주장의 맥락을 소개하기보다는 자신들의 입맛에 맞는 부분 부분을 짜깁고 과장하고 확대한 언론 폭력이었다.

우선, "이런 주장을 내놓은 인사 가운데 스스로 법원이나 검찰에 몸담아 사법사를 왜곡했던 공범은 없는지 궁금하다"는 구절은 이번 시민단체의 의견개진이 법조인이 아니라 일반 시민을 대표하는 단체들의 토론마당이었다는 점을 모르고 한 말이다. 아니, 알면서 일부러 호도했다는 느낌이 든다.

"대법관 경력을 가진 사람은 무조건 안 된다는 논리는 우리 사법사의 정통성을 통째로 부인하는 행위"라는 부분도 그렇다. 시민단체들이 대법관 경력자를 배제해야 한다고 주장하는 이유는, 수십 년간의 법관생활 끝에 우리 관료사법의 진원지라 할 수 있는 대법원에서 대법관을 지냈으면, 사법관료주의의 타성에 젖을 대로 젖어 과감한 법원개혁을 수행하기 힘들다고 판단했기 때문이다.

"판사들은 바쁜 업무 중에서 법률 연구에 시간을 쪼개고 몸가짐을 비춰보면서 올바른 판결을 내리기 위해 밤새워 고민한다. 그런 그들이 지향하는 최종 목표가 대법관이다"이라는 주장도 대법관이나 대법원장을 판사로서의 당연한 최종적인 승진코스 정도로 여기는 일부 관료귀족법관들의 삐뚤어진 텃세의식에 편승한 주장에 다름 아니다.

최근 익명의 방패 뒤에 숨어, 대법관 출신이 아닌 인사가 대법원장이 되면 사표를 내겠다고 국민에 대한 협박을 서슴지 않는 현직 귀족법관들의 주장도 이와 맥을 같이 한다. 사법관료주의적 타성과 왜곡된 특권의식에 사로 잡혀 텃세나 부리려는 그런 법관들은 누가 새 대법원장이 되느냐에 관계없이 이번 기회에 법원을 떠나주는 것이 법원개혁을 위해 바람직하다고 믿는다.

워렌 대법원장의 경우가 이야기 해 주는 것처럼, 한 나라의 대법원장 자리는 엘리트 귀족법관들의 최종 승진코스가 아니다. 냉철한 법률적 지식뿐만 아니라, 우리 사회를 꿰뚫어 보는 혜안과 약자보호의 따뜻한 가슴을 지닌 인사가 앉아야 할 자리이다. 특히 이번 대법원장에는, 법원개혁에 대한 의지가 투철하고 새로운 대한민국 사법사를 열어가기 위해 자신의 한 몸을 던져 희생할 각오가 되어 있는 참신한 인사가 임명되어야 한다고 믿는다. 그것이 분명 국민적 바람이며 역사적 요구라 믿기 때문이다. 과연 우리는 워렌 같은 새 대법원장을 가질 수 있는 축복을 받지 못했다는 말인가.

〈오마이뉴스〉 2005. 8. 3

2004년 이후의 바람직한 대법관 변화, 이명박 정부 시대에는?

지난 2004년부터 대법관 구성에 잔잔한 변화의 바람이 일었다.

과거 대법관을 뽑을 때는 인권과 정의에 부합하는 판결을 선고한 적이 있는지, 우리 사회가 대법원에게 기대하는 바를 실현할 적임자인지는 고려대상이 아니었다. 사회의 변화와 가치관의 다양성을 반영할 수 있는 인물이 대법관이 되지도 못했다.

2003년까지만 하더라도 대법관은 철저히 50대 중반을 넘긴 남성인 지방법원장 또는 고등법원장급의 고위 법관들만이 대법관이 되었고, 이들은 정치사회적 성향면에서 보수적이라 평가받는 사람들이었다. 철저하게 사법시험(사법시험이 시작되기 전에는 고등고시) 합격순서에 따라 대법관을 임명했다. 대법관은 일반 기업체의 '연공 서열에 따른 승진'과 마찬가지였다.

그러나 2003년 대법관 임명제청 파동을 한 차례 겪고 시민사회의 '바람직한 대법관 추천운동' 등 사회의 변화요구가 거세지면서 대법관 구성은 조금씩 변하기 시작했다.

2004년 8월에 퇴임한 조무제 대법관의 후임으로 김영란 당시 서울고법 부장판사가 대법관이 되었다. 사상 첫 여성 대법관이었다. 대한민국 법원이 문을 연 1948년에서 무려 56년만의 일이었다.

2005년 11월에는 박시환 변호사와 김지형 사법연수원 연구법관이 대법관으로 임명되었다. 박시환 변호사는 판사 생활을 시작한 이래 꾸준히 법원 개혁과 인권에 충실한 판결에 충실해 진보성향의 대표적 판사였다. 서울지방법원 부장판사로 근무하던 2003년에 최종영 당시 대법원장이 대법원 개혁을 포함한 사법개혁을 거부하자 판사생활을 접었다. '법관승진 코스'에서 벗어났고 법원 고위층의 보수적 태도에 대해 소신에 찬 비판을 서슴지 않았던 이가 대법관이 된 것만으로도 큰 사건이었다. 50대가 되지 않은 김지형 연구법관을 대법관이 임명한 것도 서열과 승진순서를 따지던 과거 관행에서 벗어난

것이었고 특히 노동문제에 대한 조예가 깊은 노동법 전문가가 대법관이 되었다는 점에서 노동계의 기대를 모았다.

2006년 7월에 이홍훈 당시 서울중앙지방법원장과 전수안 광주지방법원장도 대법관이 되었다. 이 법원장은 인권과 정의에 부합하는 소신있는 판결로 시민사회계가 꾸준히 지지를 했었고, 전 법원장도 마찬가지였다. 특히 전 법원장이 대법관이 되면서 대법원에는 여성 대법관이 2명이 함께 일하게 되었다. 물론 이들과 함께 보수성향의 인물들을 연공서열별로 대법관으로 임명하였다.

그 결과 대법원은 서열파괴, 진보성향의 일부 참여에 따른 보수편향의 개선, 여성의 일부 참여, 노동법 등 전문분야 일부 다양화 등 바람직한 방향으로 조금씩 변했다. 그러나 이런 대법관 구성의 바람직한 변화는 보수 성향의 이명박 정부가 집권한 상황에서도 계속될 것인지 우려되고 있다.

이명박 대통령이 첫 임명권을 발휘한 대법관으로는 양창수 서울대 법대 교수였다. 법학 교수를 대법관으로 임명했다는 점에서 대법관 구성을 다양하게 했다는 평가도 가능하지만, 보수성향의 인물이라는 점이 더욱 중요했다. 2009년 2월 퇴임하는 고현철 대법관의 후임으로는 신영철 서울중앙지법원장이 지명되었는데, 진보성향도 아니고 연공서열에 따른 임명이다.

법원의 반성을 환영한다

김창록

1948년 9월 26일에 법원조직법이 처음 공포된 것을 기념하기 위해, 지난 9월 26일 법원이 '대한민국 사법 60주년' 기념식을 거행했다. 그 자리에서 이용훈 대법원장은 "과거 우리 사법부가 헌법상 책무를 충실히 완수하지 못함으로써 국민에게 실망과 고통을 드린 데 대해 죄송하다"며 고개를 숙였다. 그리고 인혁당 재건위 사건 등에 대해 이미 재심절차를 거쳐 "지난날의 과오를 시정하는 판결"이 선고되었다는 사실을 언급하면서, 앞으로도 재심절차를 통해 잘못을 바로잡아 가겠다고 밝혔다.

이와 같은 법원의 자기 반성에 대해서는 '미흡하다'는 지적이 적지 않다. 정보기관이 부당한 압력을 가하고 검찰이 부당한 기소를 했더라도 법원이 끝까지 제자리를 지켰더라면 권위주의시대의 암흑이 그토록 깊지는 않았을 것이라는 지적은 비록 가혹할지 모르지만 지극히 타당하다. '인권의 최후의 보루'인 법원은 마땅히 그렇게 해야 했기 때문이다. 재심절차를 보다 활성화하거나 과거사위원회를 만들어 보다 적극적으로 과거의 잘못을 바로잡기 위한 노력을 기울여야 한다는 지적도 일리가 있다. 법과 양심이 지켜진다는 것을 전제로 만들어진 재심절차를 법과 양심이 흔들렸던 사건에도 엄격하게 요구하는 것은 공평하지 못하며, 수십 년 동안이나 이어져 온 피해자들의 특별한 아픔에 대해서는 특단의 조치가 취해져야 마땅할 것이기 때문이다.

하지만 이러한 한계에도 불구하고 법원의 반성은 빛난다. 성실한 머슴이기보다는 거들먹거리는 주인이기에 익숙했던 국가권력이 "스스로 과거의 잘못을 있는 그대로 인정하고 반성하는 도덕적 용기"를 보여준 것이기 때문이다. 게다가, 대통령이 거듭 '법치'를 외치는 가운데, 행정부의 기관들이 잘못된 과거에 대해 반성하기는커녕 우격다짐으로 그것을 부활시키려고 기도하고 있는 '반법치'적인 현실 속에서는, 스스로 잘못된 과거를 되짚어 "국민의 자유와 권리가 침해되는 일이 없도록 최대한 노력"하겠다는 법원의 다짐이 더욱 돋보이지 않을 수 없다.

법치는 권력을 위한 것도 경제를 위한 것도 아니며 오로지 주권자인 국민을 위한 것이다. 대한민국의 모든 권력은 국민으로부터 나오며, 그 권력의 하나인 사법권 또한 "국민이 맡긴 것이며 국민의 신뢰 없이는 유지될 수 없"는 것이다. 사법권의 독립은, '포퓰리즘'을 빌미삼아 국민으로부터 떨어져나갈 때가 아니라, 오히려 국민이라는 토대 위에 올곧게 서서 다른 권력, 특히 행정권의 부당한 압력에 대해 단호하게 맞설 때 비로소 지켜지게 되는 것이다.

지금 그 국민은 법에 대해 크게 기대하고 있다. 지난 9월 10일에 발표된 한국법제연구원의 '2008 국민법의식 조사'에서는, 분쟁이 발생했을 때 소송을 통해 처리하는 것이 바람직하다고 답한 응답자의 비율이 69.1%나 되는 것으로 나타났다. 문제가 생기면 돌멩이와 화염병을 들고 뛰쳐나가 최루탄을 쏘아대는 권력과 거리에서 맞섰던 국민들이, 권위주의시대가 종식된 지 20년이 지난 지금은 다름 아닌 법원을 찾겠다고 하고 있는 것이다.

한편, 같은 조사에서 "법에 대한 인상"을 묻는 질문에 대해서는 응답자의 43.6%가 "권위적"이라고 답하고 32.6%가 "불공평하다"고 답해 76.2%가 부정적인 인식을 나타냈고, 또 법을 지키지 않는 이유에 대해서도 "법대로 살면 손해를 보니까"라는 답이 34.3%로 1위를 차지한 것으로 나타나, 법에 대한 거리감이 국민의 의식 속에 여전히 깊이 뿌리를 내리고 있다는 사실도 드러났다.

법에 대한 '기대'와 '거리감'이 어색하게 동거하고 있는 이러한 법의식의 원인이 국민의 기대에 미치지 못하는 법현실에 있다는 것은 말할 것도 없다. 국민이 보다 편리하고 친절하고 공정한 법서비스를 받을 수 있도록 함으로써 그 '비법치'적인 원인을 제거하는 것이야말로, "주권자인 국민의 의사에 기초한 사법제도를 마련"해야 할 법원의 일차적인 책무일 터이다.

법원의 보다 철저한 자기 반성과 그 반성에 걸맞은 실천을 기대해본다.

〈매일신문〉 2008. 9. 30

대법원장의 반성과 검찰총장의 변명

2008년은 사법부 60주년, 10월은 검찰 60주년이 되는 때였다.

2000년대 들어 국민들이 법원과 검찰에게 기대한 것은 이승만 정부시절부터 박정희, 전두환, 노태우 정부 시절에 이르기까지의 두 기관의 어두운 과거사를 규명하고 거듭나는 것이었다. 최고 권력자와 집권세력의 요구에 따라 조작간첩사건은 물론이며 수많은 인권유린 사건에 가담한 검찰과 사법부의 반성을 촉구하는 것이 국민의 바램이었다.

사법부 60주년, 검찰 60주년을 맞아 두 기관은 각각 기념식을 가졌는데, 두 조직의 수장인 대법원장과 검찰총장은 어두운 과거사에 대해 대조적인 기념사를 읽었다.

대법원장과 검찰총장의 두 조직의 과거사에 대한 발언부분을 보자.

이용훈 대법원장, 2008년 9월 26일 사법부 60주년 기념사 중

> 지난 60년의 자취를 돌아보면 자랑할 만한 일만 있었던 것은 아닙니다. 권위주의 체제가 장기화되면서 법관이 올곧은 자세를 온전히 지키지 못하여 국민의 기본권과 법치질서의 수호라는 본연의 역할을 충실히 수행하지 못한 경우가 있었고, 그 결과 헌법의 기본적 가치나 절차적 정의에 맞지 않는 판결이 선고되기도 하였습니다.
>
> 저를 비롯한 사법부 구성원들은 이러한 불행한 과거가 사법부의 권위와 사법부에 대한 국민의 신뢰에 적지 않은 손상을 주었음을 잘 알고 있습니다. 사법부가 국민의 신뢰를 되찾고 미래를 향하여 새로 출발하려면 먼저 스스로 과거의 잘못을 있는 그대로 인정하고 반성하는 도덕적 용기와 자기쇄신의 노력이 필요하다는 점은 분명하다고 하겠습니다. 그래서 저는 대법원장으로서, 이 자리를 빌려 과거 우리 사법부가 헌법상 책무를 충실히 완수하지 못함으로써 국민에게 실망과 고통을 드린 데 대하여 죄송하다는 말씀을 드리고자 합니다.

임채진 검찰총장, 2008년 10월 31일 검찰 60주년 기념사 중

그동안 검찰은 정의 실현과 인권 옹호라는 본연의 사명을 완수하기 위해 최선을 다해 왔습니다. 밤을 새워 고된 업무를 처리하면서도 국민을 향한 사명감과 자부심으로 늘 행복했습니다.

역사의 고비마다 자유민주적 기본질서를 수호하는 데 앞장 섰습니다. 지속적인 부정부패 척결을 통해 명실상부한 최고 사정기관으로 확고히 자리 잡았습니다. 격변의 시대를 온 몸으로 부딪히며 정치적 중립성과 독립성을 지켜내기 위해 혼신의 힘을 다했습니다.

이러한 우리의 노력에도 불구하고 국민들께 실망을 끼쳐드린 순간들도 없지 않았습니다.

국법 질서의 확립이나 사회 정의의 실현에 치우친 나머지 국민의 인권을 최대한 지켜내야 한다는 소임에 보다 더 충실하지 못했던 안타까움이 없지 않습니다.

수사 결과에 대한 의욕이 지나쳐 수사 절차의 적법성과 적정성을 소홀히 한 적도 있었습니다. 참으로 아쉽고도 안타까운 일이 아닐 수 없습니다.

검찰총장은 열심히 해보려다 의욕과잉으로 빚어진 잘못이라 했다. 대법원장의 발표가 '뒤늦은 감이 있으나 환영하는 반성'이었다면, 검찰총장의 발표내용은 '검찰조직에 대한 기대감을 무너뜨린 변명'이었다. 이명박 정부 들어 '정치검찰'이 부활하고 있다는 점에서 실망스런 기념사였다.

사법 신뢰회복, 과거 청산에 달렸다

● 하태훈

'사법 살인', 이처럼 수치스럽고 모순된 단어가 있을 수 있을까. 살인자를 찾아내 형벌을 가해야 할 정의의 심판자가 살인의 주체가 되었으니 말이다. 오로지 법과 양심에 따라 정의를 선언해야 할 사법부가 살인에 가담한 꼴이었으니 이 어찌 세계가 분노한 치욕이 아니었겠는가.

정치권력이 법을 억압하고 불법이 법의 이름으로 판치던 시대에 사법부마저 그 시녀 역할에 급급했으니 참으로 부끄러운 사법사의 단면을 정확하게 나타내는 단어이다.

치욕의 사법사司法史, 인혁당 사건

그 어두운 과거사를 판결로 청산해야 한다는 시대적 요구에 응답하는 판결이 내려졌다. 지난 23일 서울중앙지법은 소위 '인민혁명당 재건위원회' 사건 재심에서 1975년 사형당한 우홍선 씨 등 8명에게 무죄를 선고함으로써 32년간 사법부를 짓누르던 정치권력의 시녀라는 오명에서 벗어나려는 의지를 보여주었다.

너무 성급한 사형판결과 사형집행에 비해 너무나 늦은 진실 규명이지만 영원히 뗄 수 없을 것 같았던 꼬리표를 떼어내려 애쓰는 사법부를 보면서 우리는 희망을 본다. 그 오욕의 역사 한가운데 있던 대법원이 이 사건의 최종판결을 내려야 하겠지만, 공판조서의 절대적 증명력을 부정하고 무죄를 선고한 재판부에 박수를 보낸다.

이 판결이 반국가사범이라는 누명으로 죽음을 당한 8명의 생명에 숨을 불어넣어 줄 수는 없지만 쌀알이 모래알 같았던 유가족의 숨죽였던 삶에 빛과 명예를 되돌려 주었고, 실종되었던 법치주의와 사법정의를 회복하려는 과거 청산의 청신호를 밝힌 것이다.

이 판결은 적법절차와 인간의 존엄성이 얼마나 중요한 자유민주주의의 가치인지 보여준 판결이다. 그러나 법원이 진정 군부권력에 길들여진 사법부라는 과거의 오점을 씻으려면 재심요건이라는 진실 규명의 높은 벽을 허물어야 한다.

이를 통해서 유신과 5공 군사정권 하의 오욕의 역사를 치유하여야 한다. 일각에서는 이번 재심판결을 과거사 파헤치기라는 현재의 정치상황과 연결시켜 폄하하거나 법원의 무분별한 재심 받아들이기를 경계하는 목소리를 내고 있다.

과거의 확정판결이 뒤집어지면 법적 안정성이 해쳐질 것이고 사법부의 권위가 훼손될 것이라는 우려도 있다. 그러나 과거사 정리 및 진실 규명은 미래지향적 작업이다.

판결이 확정되었다고 해서 정의감정에 비추어 감내하기 어려운 정도의 명백한 오류를 그냥 덮어두는 것은 형사사법의 정의의 이념을 훼손하는 것이고 오히려 국민의 사법 불신을 키우는 결과를 초래한다. 그래서 불법과 불의가 감춰진 법적 안정은 무덤 속의 평화라 하지 않던가.

검찰도 과거 청산에서 자유로울 수 없다. 소위 인혁당 재건위 사건의 기소권자가 아니었다는 이유로 발뺌할 수 없다. 1964년 1차 인혁당 사건 때 혐의사실을 입증할 증거가 없다며 기소할 수 없다고 사표로 맞선 검사들도 있지 않았던가.

철저한 과거사 정리로 사법정의를

검사가 양심과 소신을 지킨 1차 인혁당 사건과 그렇지 않은 인혁당 재건위 사건의 처리결과는 검사가 바로 서면 정의가 바로 설 수 있음을 분명히 말해준다. 권력기관의 뜻에 따른 기소자판기라는 오명을 벗으려면 과거사 정리에 적극성을 보여야 할 것이다.

무죄판결이 억울하게 죽은 자를 살려낼 수 없기에 더욱 가슴 아프고 유족의 슬픔이 큰 것이다. 인간의 존엄을 말살하는 사형이 폐지되어야 할 이유가 바로 여기에 있다. 국가권력이 희생자와 그 유가족을 위로해줄 수 있는 남은 길은 금전 배상이 아니라 사형제 폐지의 결단과 남김없는 과거사 정리일 것이다.

〈한국일보〉 2007. 1. 26

누구를 위한 사법권 독립인가?

한상희

니체에게 인간이란 더러운 강물이었다. 그래서 그의 초인은 자신을 더럽히지 않은 채 이 더러운 강물들을 받아들일 수 있기 위해 스스로 바다가 되어야 했다. 하지만 강신욱 대법관에게 대표로 퇴임사를 낭독하게 한 5명의 퇴임대법관의 생각은 이와 달랐던 모양이다.

이들은 참여연대의 판결비평사업이 내내 걸렸던 듯, "선고된 판결에 대해 자신과 생각이 다르다고 보수니 진보니, 또는 걸림돌이니 디딤돌이니 하면서 원색적이고 과격한 언동으로 비난한다"고 개탄하면서 "이런 행위는 사법권의 독립을 저해하는 우려스러운 현상"이라는 낙인찍기도 서슴지 않았다고 한다.

그러나 사법권 독립이란 "우리 사법부는 보수의 편도 아니고, 진보의 편도 아니며, 오로지 법과 정의와 양심의 편일 뿐"이라는 외침만으로 이루어지지 않는다. 오히려 그 외침을 가리개삼아 사법민주화를 향한 시민사회의 요구에 귀막고 스스로 국민위에 군림하는 사법권력이기를 도모하는 그 해묵은 음모가 더 문제적이다.

이들은 사법권 독립을 사법관료들이 만들어내는 법도그마의 독립으로 간주하고, 사법권을 대법원과 대법관을 정점으로 하는 일사분란한 지휘감독체계와 동일시한다. 그래서 결국 그들의 "사법권독립"이란, 대법원의 결정으로 하여금 모든 법관의 일상까지도 지배하는, 그리고 이에 대한 어떤 비판과 개혁요구도 용납하지 못하는, 절대신성의 신탁으로 만드는 것만을 의미할 따름이다.

실제 유전무죄니 전관예우니 하는 세간의 비난들을 정작 법관들은 실감하지 못하는 상황도 이에 연유한다. 그런 폐습조차 이미 하나의 아비투스가 되어 사법부의 그 신탁으로 편입되어 버린 것이다.

사법권의 독립이 대법관들의 관료적 독재로 이행하는 그 이상한 가역반응은 여기서 가동된다. 그들은 "법과 정의와 양심"이라는 말을 애용하지만 그것이 누구의 것이어야 하는가는 결코 말하지 않는다. 겉으로는 국민을 내세우고 인권을 거론하지만, 내심으로는 국민은 곧 사법관료를, 인권은 사법권력을 의미하는 것으로 단정하고 있을 뿐이다. 그리고 이 모든 것이 합하여 누구도 사법권은 건드려서는 아니된다는 사법권 독립의 신화가 형성되는 것이다.

여기서 법관들을 그 정치적 성향에 따라 보수니 진보니 나누고, 심지어 그에 따른 재판전략까지 제시하는 행태주의 법학의 사례들을 거론하는 것은 오히려 과잉에 해당한다. 퇴임대법관들의 강변에는 자신들이 이리저리 분류되는 것에 반발하기보다, 사법과정에 시민사회가 참여하게 되면서 하급법관들이 대법관과 대법원이 내리는 신탁으로부터 독립하여 재판하게 되는 사태를 두려워하는 심리가 내재하기 때문이다. 그들은 속세의 이런 저런 '더러운' 강물들이 하급법원의 재판과정에서 하나의 바다로 몰려드는 현상이 두려운 것이며, 이 바다가 있기에 자연스럽게 이루어지는 국민의 "법과 정의와 양심"이 그들의 "법과 정의와 양심"을 대체하는 것이 불쾌할 따름인 것이다.

그래서 우리는 이 퇴임사로부터 "사법독립 저해세력"이니 공정재판을 저해하는 일부집단이니 하는 일부 논평들의 의도된 오독을 걱정하게 된다. 이들의 퇴임사는 결코 사법부와 시민사회를 향한 쓴소리가 아니었다. 그것은 오히려 사법권력 아니 보다 정확히는 대법원·대법관권력을 향한 축원이자 축복이었고 시민사회에 대한 영원한 굴종의 강요였을 뿐이었다.

오히려, 저 퇴임사에서 입으로는 초인을 말하면서도 현실에서는 세속의 모든 강물을 받아들이기를 거부하였던 저 무수한 압제의 역사들을 새삼 떠올릴 수 있다면, 우리는 아예 5·18을 '떳떳이' 거론하는 한 대법관취임사로부터 보다 알찬 사법권 독립을 향한 기대를 엮어낼 수 있지 않을까?

<한겨레> 2006. 7. 14

"판사님들,
시민단체 두려워하지 마세요"

● 박경신

얼마전 어느 신문에서 '흔들리는 판사들'이라는 기획기사를 연재
했다. 그 내용은 법원의 판결과 법관임명에 대해 시민단체가 의견
을 제시하는 것이 사법부 독립을 해친다는 것이었다. 그러나, 삼권
분립 원칙에서 사법부 독립은 입법부나 행정부로부터 자유로워야
한다는 것이지 국민으로부터 자유로워야 한다는 것이 아니다. 사
법부도 국민의 대표이며 사법활동을 제대로 못한다면 원칙적으로
는 국민이 이들을 교체할 수 있어야하며 선거를 통해 그 구성원들
을 선출할 수도 있다. 물론 소수의 권리를 보호해야 하는 판사의 임
명을 과반수의 힘이 그대로 반영되는 선거에 맡길 수는 없으므로
민주적 정당성과 사법활동의 독립성 사이의 일정한 타협안들이 필
요해진다. 외국의 입법례를 보자면, 선거를 통해 법관을 선출하거
나 임기내 신임을 묻기도 하고, 최소한 법관의 임명권을 선거를 통
해 뽑힌 사람에게 맡기기도 한다. 다른 한편에서는, 법관을 종신임

명하거나 장기간 임기보장 등의 방법으로 다수결의 횡포로부터 보호한다.

그러나 우리나라의 법관임명제도는 민주적 정당성을 확보하기 위한 요소가 전무하다. 법원이라는 집단은 국민의 의사가 전혀 반영되지 않은 채 법원의 전 세대가 임명한 리더들에 의해 지배된다. 그렇다고 해서 사법활동이 더 독립적으로 이루어지는 것이 아니다. 외부간섭으로부터 격리된 이 집단 내에서 개별 법관에게는 자신의 판결의 헌법적 정당성에 대한 평가보다는 승진 결정권을 가진 법원지도부에 의한 '인성적' 평가가 더 중요해진다. 결국 승진의 기회를 놓치지 않기 위해 임명권을 가진 법원 지도부의 눈치나 자신의 '조직친화성'에 대한 법원내 평판을 세밀하게 살피게 된다. 이로써 사법부의 관료화가 완성된다. 또, 국민이 밖에서 법원을 평가할 수 있는 정식 통로가 없으므로, 고위법관직도 국민의 두터운 신임 속에서 장기적으로 활동하는 종신제나 임기보장제로 하기보다는 여러 사람이 몇년씩 돌아가면서 하게 되고 결국 이 제도는 사법부의 권위를 더욱 깎아내리기도 한다.

결국 우리나라 법관들이 소신껏 판결을 내리기 위해 필요한 것은 국민으로부터의 독립이 아닌 사법부 자신으로부터의 독립이다. 시민단체의 요구도 사법부의 관료화를 깨고 사법활동에 진정한 독립성을 부여할 수 있는 법률가양성 및 인사제도의 개혁이다. 이 상황에서 판사들은 시민단체가 판결에 대해 한 말에 민감해하거나 격정할 것 없다. 또는 법관인사에서 여론에 밀려 자신이 탈락되었다

고 낙담할 것이 아니다. 국민들은 행정부와 입법부의 활동에 자유롭게 의견표명할 수 있는 만큼 사법부의 활동에도 의견표명을 할 수 있음은 어쩔 수 없이 받아들여야 하는 것이고, 국민들의 뜻은 사법부의 권위를 세우고 한국 법치주의를 정착시키는 것이며 사법개혁이 이루어질 때 그 최대수혜자는 법외적인 고려로부터 자유롭게 사고하며, 법의 심오한 뜻을 정직하게 발전시키는 판사들이 될 것이다.

〈경향신문〉 2004. 8. 21

사법부 권위와 힘의 원천

● 임지봉

미국에서 대법관은 유명 인사다. 로스쿨을 다니지 않았더라도, 법
률 관련 직종에 종사하지 않더라도, 미국 국민이면 몇몇 대법관들
의 이름쯤은 다 안다. 사법부가 국민 속에서 국민들의 사랑을 먹으
며 존재한다는 방증일 것이다.

국민들 사랑받는 미 대법관

얼마 전 다섯 분의 우리 대법관이 퇴임식을 가졌다. 한 분이 대표로
낭독한 퇴임사는 "일부 시민단체가 판결에 대해 진보니 보수니 걸
림돌이니 디딤돌이니 하며 승복하지 않고 원색적이고 과격한 언동
으로 비난하고 있다"며 "이는 사법권 독립을 저해하는 우려스러운
현상"이라 일갈했다.

　'보수'나 '진보'는 다들 인정하듯 그 뜻을 일의적으로 정하기 힘
든 불확정 개념이다. 그러나 '보수적 대법원'과 '진보적 대법원'을

구분할 때에는 '사회변화에 대한 판결의 수용태도'가 그 기준이 될 수 있다고 믿는다. 즉, 변화에 반대하며 판결을 통한 기존의 가치질서 유지와 그것의 확대재생산을 통해 법적 안정성에 치중하는 경향을 보이는 대법원을 '보수적 대법원'이라 한다면, '진보적 대법원'이란 변화를 선호하면서, 오히려 판결을 통해 입법부나 행정부보다 앞서서 사회변화를 선도해나가는 대법원을 의미한다고 볼 수 있다.

대법원 판결이 그 사회의 나아갈 방향을 제시하고 국민생활의 구석구석에 영향을 미치는 중요한 것이며 여기에 대법관 개개인의 성향과 세계관이 큰 영향을 미치기에, 대법원 판결에 대한 성향 분석과 비판은 선진 외국에선 이미 시민사회의 주된 업무이고 학계에선 하나의 독립된 학문분야로까지 자리를 잡고 있다. 우리 대법원은 종래 보수성향을 강하게 띠어왔다. 군사정권의 사법부 탄압 이후 '사회변화'보다는 '법적 안정성'에 치중하는 판결들을 많이 내려왔기 때문이다. 대법원이 판례 변경 등을 위해 1년에 전원합의체를 여는 사건수가 대법원에 상고되는 총 1만8천여 건 중에서 평균 12건에 불과하다는 것은 무엇을 의미하는가. 대법원은 선판례를 변경하는 데 굉장히 소극적이고 '사회변화'를 수용한 새로운 판결을 내리는 데 인색하다는 것이며 궁극적으로는 '보수적'이라는 것이다.

이러한 근거들에 기해 대법원의 보수일변도 판결성향을 비판하는 시민사회의 목소리 앞에, 대법원이 스스로를 보수도 진보도 아닌 중립적 기관이라 항변하는 것은 그 자체가 난센스다. 또한 시민사회의 판결비평이 "왜 판결에 승복하지 않는 원색적이고 과격한 언동"인지 이해할 수 없다. 판결 전도 아니고 이미 내려진 법원 판결에 대해 시민의 눈으로 바라본 분석과 비판을 가하는 것 아닌가. 판결 승복을 전제로, 판결의 논리가 이러한 점에서는 문제가 있는 것 아니냐는 애정 어린 지적이 아닌가. 평생 1등만 하며 아쉬운 비판의 소리 한 번 들은 적 없이 승승장구해오신 퇴임 대법관들께서 과민반응을 보이시는 것으로밖에 보이지 않는다.

시민사회 비판도 귀 기울여야

대법원 판결이나 대법관 인선에 시민사회가 목소리를 내는 것이 사법권 독립을 저해한다는 논리 앞에선 아찔해질 따름이다. 사법권 독립에 대한 큰 오해다. 사법권 독립은 개별 법관이 재판에 있어 누구의 지시나 명령에도 구속당하지 않고 독자적으로 심판한다는 '판결의 자유'를 핵심으로 한다. 이미 내려진 판결에 대해 시민 입장에서 분석과 비판을 가하는 것이 재판에 대한 외압인가. 대법관 인선에 국민 각계각층의 다양한 의사와 이익을 반영할 수 있는 다양한 배경의 대법관들을 뽑아야 한다는 시민사회의 목소리가 구체적 사건에 있어서의 '판결의 자유'를 해치려는 시도인가.

큰 가르침을 주신 한 은사분께서 "사법부의 진정한 권위와 힘은 법원이 국민이나 시민사회와 거리를 둠으로써가 아니라 이들 속에서 이들과 함께 부딪치고 뒹굴면서 생긴다"고 말씀하신 적이 있다.

왜 우리나라에는 대법관의 이름을 아는 국민이 거의 없을까라는 탄식과 함께, 이 말씀이 자꾸 귓가에 맴도는 요즈음이다.

〈경향신문〉 2006. 7. 25

사법불신 주범은 전관예우

임지봉

최근 대법원장이 대법관 퇴임 후 변호사 시절 수임료 5000만원을 신고하지 않은 사실이 드러나 파문이 일었다. 작년 말 탈세 의혹이 제기됐을 때 "단돈 10원이라도 탈세했다면 대법원장 직을 그만두겠다"고 말한 것을 상기시키면서 대법원장의 거취 문제를 거론하는 주장까지 나왔다. 이에 대법원장은 사건 당사자들의 동의만 있다면 선임료와 성공보수금 등의 수임 내역을 모두 공개할 수 있다고까지 하면서 결백을 주장하고 있다. 세금 미납이 조금이라도 대법원장의 고의에 의한 것이었는지, 아니면 대법원장의 해명대로 세무사사무소 직원의 착오에 의한 것이었는지가 문제의 관건이라고 본다. 대법원장은 탈세 의혹에 대해 본인의 고의에 의한 것이 아님을 여러 자료 제시를 통해 적극적으로 또 충분히 국민들에게 해명해야 한다.

필자는 대법원장의 변호사 시절 수임료 탈세 의혹 자체보다 퇴임 대법관들이 거의 예외없이 변호사 개업을 해 전관예우의 혜택을

누리고 다시 이 대법관 출신 변호사들 중에서 대법원장을 뽑는 한국 법조의 관행에 보다 근본적인 문제점들이 존재한다고 믿는다. 판·검사가 중도에 사직하고 변호사로 개업하는 것이 일상화된 우리나라에서 문제되는 특수현상이 바로 '전관예우'다. 한국 법조처럼 획일적 기수문화와 강한 동류의식으로 다져진 법조사회에서는 재판에서 전관에 대한 배려가 어떤 식으로든 작용하며 이것이 재판 결과에 다소간 영향을 미친다고 보는 것이 국민들의 차가운 시선이다.

바로 이 점에서 전관예우야말로 국민적 사법 불신의 주범인 것이다. 그리고 퇴임 대법관들의 변호사 개업이 이 전관예우의 출발이라는 것이 필자의 오랜 믿음이다.

대법관은 사법부의 권위와 상징의 자리다. 최고의 법조직에 해당하는 명예로운 자리다. 이런 대법관들이 퇴임 후 변호사 개업을 통해 후배 법관들이 맡은 사건의 소송대리에 관여한다는 것은 사법부의 권위와 위상을 스스로 깎아내리는 일이 될 수 있다. 외국의 경우도 대법관 등이 퇴임 후 변호사 개업을 하지 않는 것이 관행화되어 있거나 일부 국가에서는 이를 법으로 금하는 것도 이러한 맥락에서 이해될 수 있다. 변호사 개업이 아니라 강단이나 책 속에서 오랜 법조생활 끝에 체득한 지혜와 정의를 담담히 이야기하는 퇴임 대법관들이 늘어날 때 국민들은 이분들에게 계속 존경심을 나타내고 사법부에 따뜻한 신뢰를 가질 수 있는 것이다.

변호사 개업 자제는 이제 더 이상 퇴임 대법관들의 선택에 맡겨

놓을 문제가 아니다. 법으로 강제해야 한다. 이에 대해 이러한 법은 퇴임 대법관들의 직업 선택의 자유를 침해하는 것이라는 반론이 들린다. 헌법은 공익을 위해 필요 부득이한 경우 법률에 의해 국민의 기본권도 제한될 수 있다고 적고 있다.

'전관예우 근절을 통한 국민의 사법 불신 해소'라는 공익을 위해 퇴임 대법관들의 직업 선택의 자유라는 기본권은 필요 최소한의 범위 내에서 제한될 수 있는 것이다. 직업 선택의 자유는 다른 기본권보다 상대적으로 제한이 용이한 경제적 기본권이라는 점에서 보면 더더욱 그렇다. 물론 퇴임 대법관의 연금 혜택의 내용을 현실성 있게 조정하여 이분들이 변호사 개업을 하지 않고도 적정한 품위를 유지하도록 하는 방안도 함께 검토될 필요가 있다고 본다.

대법관직을 퇴임하고 수년 만에 수백 건의 사건을 수임하며 큰 부를 축적한 대법원장이 법관들을 향해 청렴성을 아무리 강조한들 법관들에게나 국민들에게 큰 설득력을 가질 수 있을까. 표피적인 현상 자체가 아니라 문제의 근원을 찾아 해결책을 모색해 나가는 지혜가 필요한 시점이다.

〈세계일보〉 2007. 1. 8

검찰과 법원도 싸우면서 큰다?

● 하태훈

국민의 관심이 쏠리는 사건이 터질 때마다 어김없이 '검찰과 법원의 힘겨루기'가 벌어진다. 얼마 전 론스타 사건 때처럼 영장 청구, 기각, 재청구, 재기각의 핑퐁게임이 이번 신정아·변양균씨 사건이나 김상진씨 로비의혹사건에서도 재현될 조짐이다. 압수수색영장이나 구속영장을 놓고 양 기관이 삼갔어야 할 표현까지 써가면서 서로를 비난한다. 법원의 영장 기각을 향해 검찰은 '수사방해 행위'라며 수사도 모르는 '무책임'한 사법부가 '사법의 무정부 상태'를 초래할 것이라고 원색적으로 비난한다. 단골 메뉴처럼 영장 기각에 대한 불복 방법인 영장항고제 도입을 추진하겠다고도 한다. 이에 질세라 법원은 헌법 이념을 지키라며 훈계한다. '무죄추정의 원칙에 따른 불구속 수사의 원칙을 잊었느냐'고 꾸짖는다. 수사 부실을 법원의 영장 기각 탓으로 돌린다며 재판권 침해를 우려한다. 이를 두고 언론은 '힘겨루기'나 '갈등'으로 묘사하며 국민의 불안을 부추긴다.

그러나 이번 영장 갈등이 갈등에 그치지 않는다면 국민에게 득이 될 수 있다. '싸우면서 큰다'는 말처럼 사법체계를 한 단계 향상시키는 성장통으로 진단해 치유할 수 있다면 말이다. 날카롭게 세운 두 기관의 대립각이 헌법 이념과 헌법 현실 사이의 간극을 좁히는 계기가 될 수 있기 때문이다. 헌법은 피고인이 유죄확정 전까지는 무죄로 추정 받는다는 무죄추정의 원칙을 선언하고 있다. 이는 피의자나 피고인은 가급적 일반 시민과 마찬가지로 자유가 보장되는 가운데 수사와 재판을 받아야 한다는 것을 의미한다. 아무리 살인범으로 의심받는 사람이라 하더라도 진범으로 확정되기 전까지는 신체자유가 최대한 보장되어야 한다는 뜻이다. '죄인에게 무슨 기본권이냐'는 힐난도 있을 것이다. 그러나 범죄자로 지목되었다고 할지라도 오판을 막으려면 그에게도 방어할 권리를 보장해 주어야 한다. 또 범죄혐의를 받는 자는 국가에 비한다면 한낱 힘없는 개인이기 때문에 국가와 대등할 수 있도록 손에 무기를 쥐여줘야 하는 것이다. 그래야 공정한 수사와 재판이 될 것이고 피고인도 판결에 승복하고 국가 권력이 국민의 신뢰를 받게 된다.

이러한 헌법 이념에 충실한 개정 형사소송법이 내년부터 시행된다. 피의자·피고인의 방어권이 강화되고 인신구속 절차가 까다로워진다. 자백 위주의 범죄 수사와 조서 중심의 재판 관행을 탈피하기 위해 공판이 중심이 되는 재판 절차로 개선된다. 공판 절차 첫머리부터 피고인을 신문하지 않고 증인 신문이나 증거 조사를 마친 후에 피고인을 신문하도록 변경된다. 이는 피의자나 피고인의 입에 의존하는 수사와 재판에서 벗어나라는 의미이다. 그러려면 피의자의 신병을 확보해서 자백이나 진술을 받아내는 수사 관행의 유혹에서 벗어나야 한다. 더군다나 내년부터 도입될 배심 재판에서는 수사 기관에서 자백한 피고인이 배심원 앞에서 범행을 부인해버리면 배심원의 유죄심증을 얻어내기 어렵게 되기 때문에 자백 중심의 수사 관행은 설 땅이 없어지게 된다. 변화될 형사소송법에 맞추어 수사와 재판 실무가 바뀌어야 할 이유가 바로 여기에 있다.

영장 발부 여부를 놓고 벌이는 힘겨루기가 사법 불신으로 이어지지 않게 하려면 앞으로 만들어질 양형 기준처럼 구속영장의 청구 기준과 발부 기준이 객관화되고 투명하게 공개되어야 한다. 그래야 형평성과 예측 가능성이 확보될 수 있다. 그래야만 영장 발부에 앞서 흘린 눈물이나 피의자와 영장 전담 판사의 학연이 영장 기각의 이유였을 것이라는 의심에서 벗어날 수 있고, 또한 양형 편차처럼 영장 발부 기준이 들쭉날쭉한다는 비난도 피할 수 있을 것이다. 또한 구속영장 발부 여부가 예측 가능해져서 피의자들이 전관예우의 특혜가 기대되는 변호사를 찾아 나서지 않을 수 있고, 영장 발부를 둘러싼 의혹이 줄어들어 사법 불신도 해소될 수 있을 것이다. 낯 뜨겁게 언론에다 서로를 비난하는 형태는 불신만 키울 뿐임을 알아야 한다.

〈시사인〉 2007. 10. 5

공판중심주의 실현이 핵심이다

하태훈

또다시 힘겨루기인가. 국민들은 불안하기만 하다. 보라고 가리킨 달은 외면한 채 손가락이 더럽다고 시비 거는 격이다. 변협은 말꼬투리를 잡으며 사태를 정치적 이슈로 몰고 간다. 변호사 시절의 수임료 액수를 들먹이며 자진사퇴하라고 압박한다. 우리가 법원의 들러리에 불과하냐며 국민의 동정심에 기댄다.

검찰총장도 상대방을 배려하지 않은 발언이라는 유감표명으로 조직 내부의 불만을 다독인다. 그러면서 공판중심주의 실현을 위한 형사소송법 개정안, 국민의 재판참여제도, 로스쿨 도입 등 참여정부의 사법개혁에 저항하며 핑계거리를 찾던 중 호재를 잡은 듯 연일 맹공이다.

검찰이나 변협도 잘 알고 있듯이, 사태의 본질이자 대법원장의 진심은 법원 내부를 향한 사법개혁에 대한 관심과 인식변화의 촉구다. 그러면서 검찰과 변호사에게 공판중심주의의 실현에 적극 참여하고 도와달라는 메시지를 전한 것이다.

대법원장이 취임하기 직전에 발표된 사법제도개혁추진위원회의 사법개혁안이 관심의 대상에서 멀어진 가운데 취임 1주년을 맞아 지방법원을 순시하는 자리에서 신뢰회복을 위해서는 사법부가 변화해야 한다고 주문한 것이다. 사법개혁에 냉담한 법원 내부에 와 닿도록 약간의 거친 표현이 사용되었을 뿐이다.

이번 사태는 공판중심주의의 실현이 얼마나 중요한 개혁과제인지를 그대로 보여준다. 대법원장 발언 문제를 둘러싼 법조직역의 갈등은 조서 중심의 재판관행에서 탈피하여 공판중심주의를 실현하는 것이 왜 필요한지를 여실히 보여준 것이다.

대법원장이 누구를 향해 어떤 의도로 발언했고 발언의 전체적인 맥락과 취지가 무엇이었는지, 발언 당시의 분위기가 어떠했는지도 알지 못한 채 언론을 통해 전달된 문자만 보고 들으며 그 표현을 문제 삼는 것이 조서재판이 안고 있는 한계를 드러낸 것이기 때문이다.

공판정에서의 증거조사를 통해서가 아니라 불필요한 수사서류까지 보면서 조서에 의존해 심증을 형성하는 관행에서 벗어나라는 취지의 발언일 텐데 문자화되어 전해진 표현만 뜯어보면 오해될 소지가 있기도 하다.

그 오해의 가능성이 바로 조서재판의 문제인 것이다. 그래서 공판정에서 진술하는 피고인의 태도와 표정, 진술내용, 방청객의 반응 등을 종합적으로 고려하여 심증을 형성해야 사법정의가 실현될 수 있음과 허울뿐인 공판절차를 살려내야 피고인의 방어권이 보장되는 공정한 재판이 된다는 형사소송의 대원칙이 실현되어야 하는 것이다.

우리는 대법원장의 발언을 법조인의 눈이 아니라 수사를 당해 보았거나 변호사를 선임해 보았던 사람들의 시각에서 바라보아야 한다. 공판정에서가 아니라 판사실에서 조서만으로 판단하는 재판을 경험한 피고인이나 방청객의 시각에서 바라보아야 한다.

수사기관에서의 진술이 고해성사같이 진실을 담보할 수 있는 수사 환경이었는지 피의자 입장에서 되돌아보아야 한다. 조서로 내밀고 전화로 부탁하거나 만나서 은밀히 얘기하려 하고 각종 인연을 들먹이기도 하는 것이 국민이 가끔 듣고 있는 수사와 재판의 모습은 아니었는지, 피의자나 피고인에게 눈물과 핏물이 뚝뚝 떨어지게 한 수사와 재판은 아니었는지 반성해야 한다.

그런 수사와 재판이 만에 한 건이라도 있다면 그것 때문에 사법에 대한 불신이 싹틀 수 있음을 알아야 한다. 이번 파문이 한바탕 소동에 그치지 않기를 기대한다.

〈한국일보〉 2006. 9. 24

인신구속은 원칙이 아니라 예외

- 임지봉

우리 헌법은 '무죄추정의 원칙'을 명문화하고 있다. 즉 유죄 판결이 확정될 때까지 모든 형사 피의자와 피고인은 무죄로 추정되어 어떤 경우에도 죄인으로 취급받아서는 안 된다. 구속수사를 '원칙'으로 삼는 관행이 득세하면 이 원칙이 무력화된다. 구속 자체를 유죄의 예비선언이나 유죄 판결의 선집행 정도로 받아들이는 분위기가 조성되면서, 피구속자를 은연중에 죄인 취급하는 경향이 나타날 수 있기 때문이다.

더욱이 구속 자체는 헌법상 보장된 신체의 자유에 대한 중대한 제한이기에 법률과 적법한 절차에 따라 부득이한 경우에만 예외적으로 행해져야 하는 한계를 지닌다. 예외여야 할 구속이 원칙으로 둔갑해서는 안 될 이유가 여기에 있다. 원래 구속은 형사소송법이 규정한 대로 상당한 범죄 혐의가 있으면서 주거 불명과 증거 인멸, 도주의 우려가 있을 때 예외적으로 이루어져야 한다. 즉 구속제도는 피의자나 피고인의 수사기관과 법원 출석 확보를 위해 마련된 예외적 장치에 불과하다. 따라서 구속의 남용은 반헌법적, 반인권적 권력 남용에 다름 없게 되는 것이다.

우리나라에선 지난 한 해 동안에만 8만5000명 정도가 구속됐다. 이웃 일본과 비교해도 세 배가 넘는 규모다. 구속영장의 신청 대비 발부율도 매우 높아 올 상반기에만 86.7%에 달했다고 보고된다. 무엇보다 공판 사건 중 구속자 수가 불구속자 수보다 많다는 점에서 우리나라에서 불구속 재판 원칙이 뿌리내리지 못했음을 알 수 있다.

구속 위주의 수사나 재판은 피의자나 피고인의 고립을 초래해 이들의 방어권 행사에 갖가지 제약을 낳는다. 부작용도 크다. 피의자나 피고인이 우선 구속 상태를 벗어나고 보자는 절박감에서 허위 자백을 한다거나 서둘러 피해자와 무리한 합의를 하려 들 수 있기 때문이다. 불구속이 아니라 구속을 원칙으로 삼는 행태는 법조 비리와 사법 불신의 먼 원인이 되기도 한다. '무죄' 판결을 얻기 위해서가 아니라 오로지 당장 '구속' 상태를 면하기 위해 피의자나 피고인은 '전관'들을 찾아가 엄청난 수임료를 지급해가며 사건을 맡기는 경우가 비일비재하다. 이 전관 수임마저도 돈 있는 이들에게나 가능한 것이었고, 곤궁한 피의자나 피고인은 싸늘한 철창 속 구속 상태를 면하기 힘들었다. '무전유죄, 유전무죄'라는 탄식이 나올 수밖에 없다.

사법제도개혁추진위원회가 며칠 전 열린 제7차 본회의에서 인신구속제도와 관련한 몇 가지 전향적 개선책을 형사소송법 개정안

에 반영키로 해 주목된다. 우선, 석방 조건을 다양화해 영장 단계에서 법원이 '조건'을 붙여 석방을 결정할 수 있게 했다. 사실상 구속 집행을 상당 부분 줄일 수 있는 권한을 법원에 준 것이다. 이때 이 '조건'은 꼭 금전적인 것이 아니어도 된다. 본인 서약서, 제삼자 보증서, 출국 금지, 피해자 접근 금지 등 판사가 판단하기에 피의자나 피고인의 출석 확보를 위해 합당한 것이면 그 조건이 될 수 있다. '유전무죄, 무전유죄'의 시비를 줄이고자 하는 의지가 엿보이는 대목이다.

남용 논란이 많았던 긴급체포도 그 요건을 강화했다. 긴급 체포된 사람에게 구속영장이 청구되지 않고 석방될 경우 검찰은 30일 이내에 법원에 그 이유를 설명토록 함으로써 남용 가능성에 쐐기를 박고 나온 것이다.

사법개혁의 여러 쟁점 중 구속제도의 개혁만큼 국민 생활과 직접적으로 맞닿아 있는 것도 드물다. 이번 개선안은 혹여 수사기관의 수사 편의주의를 위해 국민의 신체 자유가 희생당하는 것을 막아 국민 생활을 보호하고자 했다는 측면에서 긍정적으로 평가받을 만하다.

수사기관이 사람을 구속하지 않고도 죄를 용이하게 밝혀낼 수 있는 과학적인 수사기법의 개발이 이러한 개선안 마련과 병행되어야 함은 물론이다.

〈세계일보〉 2005. 9. 26

재판정의 링 위에 모두 올라오라

하태훈

지금까지 우리는 형사법정에서 검사와 변호인 사이에 벌어져야 할 치열한 구두변론을 본 기억이 별로 없다. 공개된 법정에서 당사자들의 공격과 방어가 교차하는 이상적인 재판은 가뭄에 콩 나듯 한다. 법정공방을 지켜보면서 유·무죄와 형의 종류와 양을 결정하는 것이 아니라 법관 집무실에서 검사가 제출한 수사서류 더미를 뒤적여보면서 유죄의 심증을 형성해도 상관없도록 법이 규정돼 있기 때문이다. 이것이 이른바 조서재판의 관행이다. 그뿐이 아니다. 법정에서 심리 절차가 열린다고 해도 사건 부담 때문에 절차가 축소되거나 생략되는 것이 보통이다. 공판 심리의 효율성에 치중해 앙상한 뼈만 남아 있는 공판 절차가 진행되다 보니 방청객은 물론이고 피고인조차 재판이 어떻게 진행되어 어떤 결론이 났는지 잘모른다. 피고인은 하고 싶은 말 한마디 해보지 못하고 재판이 끝나버리니, 재판부를 불신하고 재판 결과에 승복하지 못해 항소하고상고하게 되는 것이다.

국제적 추세에 맞춰 피고인 방어권 보장해야

피의자 · 피고인의 방어권 보장이나 공개재판주의, 직접심리주의, 구두변론주의 같은 공판 절차의 기본 원칙은 헌법과 형사소송법에 그저 '기록돼 있을 뿐', 법전과 실무 현실은 엄연한 괴리를 보이고 있다. 그러길 벌써 50년이 지났다. 일제시대의 왜곡된 형사재판을 답습하길 반세기가 흘렀다. 법조 실무가들은 그동안 한번쯤이라도 과거를 되돌아보고 반성했어야 했다. 늦었지만 다행스럽게 지난 2년간 활동했던 사법개혁위원회에서는 과거의 실무관행에 대한 성찰의 결과로 공판중심주의적 법정심리 절차가 확립돼야 함을 공감한 바 있다. 앞으로는 피의자 · 피고인의 인권을 보장하고 국제적 기준에 부합하는 형사절차를 실현하기 위해 공판중심주의가 확립돼야 한다고 결정했다.

형사사건의 실체를 공개된 법정에서 심리된 것을 기초로 판단한다는 공판중심주의가 실현되기 위해서는 공판이 열리기 전에 피고인이나 변호인에게 수사기록 등을 열람하게 해 피고인의 방어권을 온전히 보장하고 재판 준비를 철저하게 해 재판정에서 집중적으로 증거조사 등 심리가 이뤄지도록 해야 한다. 무엇보다 피고인의 반대신문권 보장, 직접주의, 구두주의에 충실하지 못한 현행 형사소송법의 증거법 규정을 전면 재검토하고 공소 사실을 실질적으로 다투는 피고인이 공판정에서 자신을 방어할 수 있도록 피고인 신문 제도나 법정 구조를 재검토해야 한다.

이같은 건의 내용은 2007년 도입되는 국민사법참여제도의 시행에 필수적이다. 재판에 참여할 시민을 몇 개월이고 재판이 진행될 때마다 생업을 포기하고 재판에 참여하라고 붙들 수도 없고, 재판에 참여한 시민들의 눈앞에서 생생하게 벌어져야 할 법정공방 대신 신문조서의 내용을 듣고 유·무죄를 판단하라고 할 수 없기 때문이다.

사법개혁위원회의 건의문을 토대로 지난 몇달 동안 판사·검사·변호사 등 실무가와 학자들이 참여해 수많은 논의를 거쳐 그 결과를 정리한 것이 사법제도개혁추진위원회 기획추진단의 형사소송법 개정안이다. 개정안 중에서 검찰이 수사권을 무력화할 것이라고 오해를 받는 안은 다음과 같다. 즉, 피의자 신문조서를 증거로 쓸 수 없다는 것, 법정에서 피고인 신문은 피고인이 원할 때만 하고, 공판심리가 피고인 신문부터 시작되게 할 것이 아니라 증거조사를 다 마친 다음에 피고인을 신문하자는 것 등이다. 좀더 자극적으로 표현한다면 '피의자 신문조서의 증거능력 부인'과 '피고인 신문 제도의 폐지'이다. 또 개정안에 따르면 참고인 진술조서도 그 참고인이 재판정에서 증인으로 진술하지 않는 한 증거로 쓸 수 없다. 피고인이 반대신문권을 행사할 기회가 없었던 조서이기 때문이다.

자백이 '증거의 왕'으로 군림해야 하나

검찰은 수사 단계에서 어렵사리 작성한 피의자 신문조서를 피고인이 동의하지 않으면 증거로 쓸 수 없게 하는 것은 검찰 수사의 한

축을 무너뜨리는 것이라고 오해한다. 그러나 그렇지 않다. 만일 피의자 신문조서의 증거능력 부인이 수사권 약화를 초래할 것이라고 주장한다면 지금까지 검찰 수사가 피의자의 자백이나 진술에 의존했고 그것이 수사의 전부였음을 자인하는 것이다. 공판중심주의 실현을 위한 개정안은 수사권 조정과도 상관없다. 검사가 작성한 피의자 신문조서의 증거능력을 부정한다는 점에서는 사법경찰이 작성한 피의자 신문조서도 마찬가지이기 때문이다. 검사가 작성한 조서의 증거능력이 부인된다고 해서 수사권이 경찰로 넘어가는 것은 아니다. 수사 단계에서 피의자의 진술에 의존하는 수사와 재판에서 벗어난다고 해서 검·경의 수사권이 조정되는 것은 아닐 것이기 때문이다.

따라서 검찰이 공판 절차와 증거법 개정에 조직적으로 반발할 이유는 없다. 공판중심주의가 아니라 '법원중심주의' 또는 '법원전제주의'라느니 '원님재판'이 될 것이라는 등의 원색적 비난을 할 이유도 없다. 1주일 만에 누구의 지시에 따라 급조한 것이라거나 실무도 모르는 사람들이 책상에 앉아 현실과 동떨어진 이상을 그린 것이라고 폄하할 것도 아니다. 아마도 검찰은 그동안 사개위와 그 후속 추진기구인 사개추위 등 사법개혁 논의 과정에 참여했으면서도 문제의 심각성을 인식하지 못했던 것 같다. 검찰 내부에서도 논의를 거쳐 공판중심주의적 법정심리 절차의 확립에 관한 논의 과정에 참여했지만, 의견 수렴을 위한 내부 논의가 일부 극소수에 한정돼 많은 검사들에게 생소했던 것 같다. 그렇다고 조직적 반발로 비치는 집단행동을 해서는 안 된다. 검찰 안에서 공론화된 이상 차분히 앞으로의 논의 과정에 대처해야 할 것이다.

물론 공판중심주의가 실현된다면 지금보다는 검찰과 사법경찰의 수사권이 약화될지 모른다. 그러나 인적·물적 여건이 충분하지 않은 상태에서 모든 형사사건을 법정 공방에 부치겠다는 것은 아니기 때문에 검찰도 크게 걱정할 일이 아니다. 자원의 효율적 활용을 위해선 선택과 집중이 이뤄져야 한다. 즉, 비교적 가벼운 사건은 신속처리 절차를 두어 처리하면 공판중심주의적 법정심리 절차로 다룰 사건은 그리 많지 않을 것이다. 또 피고인이 범행을 부인하는 경우에만 충실한 공판심리를 진행할 것이기 때문에 수사권이 무력화될 것이라는 주장은 과장된 판단으로 보인다.

검찰도 인정하듯이 공판중심주의의 실현은 거스를 수 없는 방향이다. 법정에서 당사자들의 공방을 통해서, 그리고 물증을 통해서 실체적 진실을 발견해나가는 과정이 독일이나 미국 등 선진국에서 볼 수 있는 재판 모습이다. 이에 반해 우리는 지금도 여전히 검찰의 수사 결과를 조서로 확인하는 재판, 자백이 기재된 조서만 제출하면 거의 유죄가 인정되는 통과의례적 재판, 자백이 '증거의 왕'의 권좌에서 요지부동인 재판을 경험하고 있다.

기소 여부와 재판에 대비하는 수사를

피고인이 공판정에 나와 있음에도 그의 진술을 들어보는 대신 신문

조서를 증거로 쓴다는 것은 재판제도 자체를 부정하는 것과 같다. 따라서 이제 피의자나 피고인의 입에 의지하는 수사와 재판이 진행돼서는 안 된다. 앞으로 사법경찰이나 검찰의 수사는 기소 여부와 재판에 대비하는 수사여야 한다. 한마디로 게임은 재판정이라는 링 위에서 피고인과 변호인, 검사가 모두 참여한 가운데 벌어져야 한다. 어느 일방(검사 또는 사법경찰관)이 변호인도 없는 폐쇄된 조사실에서 주도하는 수사 절차가 본게임화되는 것을 막자는 것이 공판중심주의의 핵심이다. 공개된 법정이 형사절차의 중심에 서야 투명성도 확보되고 국민의 감시와 통제가 가능해져 사법 신뢰가 회복될 것이다. 이를 통해 자백에 편중된 수사 관행도 개선될 것이며 자백을 강요하는 고문과 같은 위법수사의 유혹도 사라지게 돼 수사기관에 대한 신뢰도 높아질 수 있을 것이다.

〈한겨레21〉 2005. 5. 6

2장 사법시스템의 대전환이 다가왔다

民主司法

배심제의 고난에 찬
세계사와 민주주의

박경신

우리가 윤리적인 문제라고 생각하는 많은 문제들이 실제로는 사실의 문제이다. 사형제도를 폐지할 것인가의 문제는 '사형제도를 폐지하면 흉악범죄가 더욱 늘어날 것인가'라는 사실적인 논쟁을 통해 판가름날 수도 있다. 매매춘의 현장에서 체포된 윤락녀와 손님도 오랫동안 사귀어 왔던 '사회통념상 연인' 관계였다는 사실이 밝혀지면 무죄판결을 받는다(그 정당성은 별론으로 하더라도). 때문에 윤리적인 판단을 내리기 위해서는 사실의 발견이 매우 중요해진다.

　이러한 사실의 발견은 법률의 해석과는 차이가 있는 것이며 법률가의 일이라기 보다는 구태여 전문가들을 꼽으라면 사회과학자, 자연과학자 및 역사학자들의 몫이다. 또, 사실의 다툼이 '피고의 차량이 횡단보도를 교통신호등이 빨간 불에 지났는가 파란 불에 지났는가'를 두 명의 상반된 증인들의 증언을 청취하여 해결할 수 있는 것이라면 법률가도 과학자도 아닌 일반인들도 그 문제의 해결을 감당해낼 수 있다. 또, 윤리적인 판단이 '사회통념' '일반인의 상식' '사회윤리' 또는 '건전한 상식' '상관행' '일반인의 통상적인 법감정' 등의 기준에 따라 내려진다면 이 기준들의 적용은 특정 직업군의 사람들이 할 것이 아니라 실제로 일반인들이 하는 것이 마땅하다.

배심제는 이처럼 일반인들이 할 수 있는 사실판단이나 가치판단은 일반인들에게 맡겨두자는 취지에서 출발한다. (성균관대 김성돈 교수의 표현에 따르면, "일반시민들에게 돌려주어야 할" 영역이다.) 국가주의에서 성장해 온 우리들에게는 생소한 일이지만, 자연인을 정치적 사고의 출발점으로 두는 영미계에서는 일반인들이 할 수 있는 사실판단을 특별한 사유 없이 국가가 또는 국가가 고용한 법관이 독점하는 것이 오히려 인권침해인 것이다. 배심제는 주권재민主權在民의 이상인 직접민주주의의 발현이면서, 사실판단 및 가치판단의 권한을 사법권력으로부터 일부 이양받아 무작위 선출된 일반인들로 분산시킴으로써 사법부 내에서의 작은 '견제와 균형'을 실현하고 있다. 전관예우나 유전무죄 등과 같은 사법권력 독점으로 야기된 문제들은 사라지게 된다. 배심제는 사법부 내의 '작은 민주주의'이다.

배심제는 12세기경 영국의 헨리2세 왕조가 주민들간의 분쟁을 주민들 스스로의 판단에 의해 평화롭게 해결한다는 취지(참으로 기특한)에서 시작되었다. 영국에서 자리를 잡은 배심제는 몇 세기 후 부패한 왕정에 도전하였던 나폴레옹의 사상가들에 의해 개혁적인 제도로 채택되어 나폴레옹의 정복로를 따라 유럽 전역에 널리

퍼졌다. 18~19세기에는 스페인, 독일, 이탈리아, 포르투갈, 러시아를 포함하는 유럽의 대다수 국가들이 배심제를 시행하였다. 배심제는 다시 영국의 정복로를 따라 홍콩, 말레이시아, 싱가포르 등의 아시아 국가들 및 나이지리아, 케냐, 시에라리온 등 아프리카 국가들로 전파되었고 다시 스페인의 정복로를 따라 남미 등지에 전파되었다. 특히, 브라질은 1822년에 배심제를 시작하여 아직도 시행하고 있다. 배심제는 현재 미국, 영국, 캐나다, 호주, 브라질, 오스트리아, 덴마크를 포함한 세계 52개국에서 시행되고 있다(World Jury Systems, Oxford University Press, 2000).

역사 속에서 배심제는 여러 가지 도전에 처할 때마다 축소 또는 폐지 위협에 시달려왔다. 첫째는 자본주의의 발전과 함께 판사 검사 변호사 등의 직업법률가들이 자신들의 시장보호를 위해 '일반인들은 공정한 판단을 할 준비가 되어 있지 않다'라는 이유로 계속해서 배심제를 폐지하거나 축소시켜왔다. 민사배심을 잃은 영국이 대표적인 경우이다. 둘째, 사회주의가 발전하면서 국가에 대한 신뢰에 바탕을 둔 사법제도에 의해 배심제의 필요성이 간과된 경우이다. 러시아의 경우 1990년대가 되어서야 다시 배심제가 시행되기 시작하였다. 셋째, 독재정권이 집권하면서 폐지되는 경우이다. 포르투갈의 경우가 그렇고 프랑스의 경우 나치Nazi에 의해 폐지되었다. 일반적으로 유럽에서 민주주의의 몰락은 배심제와 궤를 같이하였다(J. Kendall Few, Trial by Jury 18, 1993).

배심제는 어느 정파로부터도 보호를 받지 못해 격동기를 거칠 때마다 시련을 겪어 왔지만 세계 곳곳에 정착하여 조용히 사법부 내의 '작은 민주주의'를 지켜왔다. 그 배심제 논의가 우리나라에서도 시작되고 있다. 이제 누군가 배심제를 지켜줄 때다.

〈인터넷 참여연대〉 2004. 3. 29

시민 재판을 위한 준비 서둘러야

● **차병직**

"가물에 돌 친다"는 옛말이 있다. 가물어서 물이 없을 때 오히려 강 바닥의 돌을 미리 치워 큰물 피해를 막자는 뜻이니, 무슨 일이든 미리 준비하는 것이 일하기에도 편하고 효과도 크다는 격언이다. 매사가 그럴 것이니, 제도 개혁도 두말할 나위가 없다.

정확히 지난 주말 책이 한 권 새로 나왔는데, 그 책을 받아든 순간 이런 생각이 떠올랐다. 책 제목은 『미국 배심재판 제도의 연구』 이고, 책을 쓴 사람은 지금 대법원 재판연구관으로 있는 김상준 부장판사다. 왜냐면 그 책은 배심 재판 제도와 관련하여 현재 우리나라에서 출간된 최초이자 유일한 단행본이기 때문이다. 믿기 어려울 정도로.

시민 재판도 우리 사법 개혁 과제의 목록에서 큰 비중을 차지하는 항목이다. 얼마전 다시 일기 시작한 법학 교육 제도 개편이나 최근의 대법원 구성 방식의 변화 요구(그러고 보면 어제 〈조선일보〉의 "너도 나도 '대법관 후보' 추천하나"라는 제목의 사설은 정말 이

해할 수 없을 정도로 한심하다. 기억해 두었다가 다음 기회에 다룰 생각이다)와 마찬가지다.

시민 재판이란 주권자인 국민이 직접 재판하거나 재판에 관여하는 것을 말한다. 국민의 의사와 무관하게 구성되는 사법부의 최대 약점은 민주적 정당성의 결여인데, 이를 보완해 줄 수 있는 장치가 시민 재판이다. 그리고 시민 재판의 전형은 국민이 직접 재판하는 배심 제도와 국민이 재판에 관여하는 참심 제도 등이 있다.

그러나 재판 제도를 개혁한다 하더라도, 가장 먼저 필요한 것은 준비다. 전문적 연구도 급선무지만, 일반 시민들이 그 대강의 내용이라도 알아야 한다. 우리가 편의상 '로스쿨'이라 부르는 것이 미국식 법학 교육 제도만을 말하는 것이 아니듯, '배심제'라 하면 미국에만 있는 것이 아니다. 형태의 차이는 있으나 미국, 영국, 호주, 캐나다, 아일랜드, 뉴질랜드에서 활발히 배심 재판을 하고 있다.

최근 스페인과 러시아가 배심제를 도입했고, 덴마크, 오스트리아, 벨기에, 노르웨이도 변형된 배심제를 운영하고 있다. 그런 나라는 거의 50개국에 달한다. 일본은 1928년부터 배심 재판을 시작했다가 전쟁이 터지자 1943년 특별법으로 시행을 일시 중단했다. 10월 1일은 일본 법의 날인데, 바로 최초 배심 재판이 시작된 날을 기념하고 있다.

그 많은 재판을 어떻게 모두 배심원들이 해낼 수 있느냐는 의문이 따를지 모른다. 간단한 통계 하나를 소개하면 이렇다. 재작년 미국 연방법원에서 다룬 전체 사건 중 배심재판으로 종결한 사건은 민사가 1.47%, 형사가 3.59%다. 나머지는 판사가 처리하든지, 판결 전 다른 방식으로 분쟁을 해결한다.

겨우 그 정도라면 무슨 시민 재판의 의미가 있느냐는 반문도 가능하다. 할 수 없이 또 미국의 통계를 빌린다면, 해마다 배심원으로 재판에 참여하는 수가 100만 명이고, 성인의 4분의 1 정도가 경험한다고 하니, 우리 인구에 비례적으로 추정해 보아도 참여 민주주의는 실현되는 셈이다.

비용 절감을 위한 방편도 여러가지다. 배심원 수를 나라마다 6명에서 12명까지 탄력적으로 정하기도 하고, 만장일치제를 고집하지 않고 종결을 시도하기도 한다. 전문 지식이 없는 필부필부에게 어떻게 재판을 맡기느냐는 문제는 여러 각도에서 공방이 예상되지만 결론은 기우에 불과하단 것이다. '평범한 이웃이 하는 재판'에 대한 신뢰성의 근거도 통계로 마련되어 있다.

그런데, 여기서 말하고자 하는 것은 배심 재판의 필요성이나 당위성 따위를 논하자는 게 아니다. 다른 나라 배심 재판의 현황이나 특정한 책의 내용을 소개하자는 것도 아니다. 배심 재판 또는 그와 유사한 재판 제도의 도입을 사법 개혁 과제로 주장하고 있으면서, 그동안 우리가 준비해 둔 것이 어느 정도인지 살펴보자는 말이다. 반성해야 한다는 주장이다.

어쨌든 우리는 오랫동안 배심 제도를 이야기해 오면서, 배심 재판에 관한 단행본을 21세기에 들어 최초로 구경한다. 그동안 이에 관한 연구 결과라고 해 봐야 논문 수십 편이 전부다. 3년 전 박홍규 교수가 『시민이 재판을』(사람생각)이란 책을 냈지만, 배심 제도를 포함한 일반론을 정리한 것일 뿐이다.

배심 재판의 역사, 배심의 선정 방법, 심리와 평결의 과정, 결과에 대한 만족도나 문제점을 그대로 정리한 연구서 한 권 없다는 것이 우리 현실이다. 그리고 그 내용을 일반 시민들이 쉽게 읽고 이해할 수 있는 데 도움이 될 만한 번역서 한 권 내놓지 못하고 있는 것이 우리의 처지다.

시간이야말로 최대의 개혁자란 말처럼, 세월이 흐르니 이젠 우리 대법원에서도 시민 재판에 관심을 갖게 됐다. 하지만 재판 제도를 당장 고쳐보려 해도 준비가 너무 소홀했던 것 같아 안타깝다. 말 태우고 버선 깁는 일이 벌어지지 않으려면, 지금부터라도 관심과 주장을 가진 사람들이 각자의 입장에서 준비를 해야겠다. 개혁을 위한 준비를.

〈오마이뉴스〉 2003. 8. 6

국민참여재판 제도 구하기

● 한상희

돈시겔 감독의 영화 '평결'은 배심원을 향해 이렇게 말한다.

"판사나 변호사가 법을 만드는 것이 아닙니다. 바로 당신들이
법을 만드는 것입니다."

지난달 12일 대구지법과 18일 청주지법에서 실시된 배심재판
(정확히는 국민참여재판)은 법을 만드는 사람이 법관이나 검사가
아니라 우리 시민들임을 공포하는 자리가 되었다. 보통의 사람들
이 일상적인 상식과 지혜만 가지고도 무엇이 옳고 그르며 무엇이
유죄이고 어떻게 처벌되어야 하는지를 판단하고, 또 평가할 수 있
음을 증명한 것이다. 그리고 바로 그 재판참여의 경험을 통해 법은
그들의 것이 아니라 우리의 것이라는 민주사법의 해묵은 요청을 새
삼 확인할 수 있었다.

이런 자리에 검찰이 제동을 걸고 나섰다. 검찰은 두 재판에 대해
모두 항소하였다. 강도상해 혐의에 집행유예를 선고한 대구지법의
경우에는 판결 이후 새로운 증거가 나왔으며, 정신지체 장애인의

살인 혐의에 징역 6년형을 선고한 충주지법의 경우에는 너무 가벼운 형이 선고되었다며 그 재판에 이의를 제기한 것이다.

문제는 이런 결정이 국민참여재판 제도의 첫 단추부터 검찰이 부인하는 셈이 되어 버린다는 점에 있다. 물론 검찰의 입장도 나름의 근거가 있다. 살인이라는 중범죄에 대해 지나치게 가벼운 형벌을 가하는 온정주의적 태도는 법의 엄정성과 통일성을 해친다. 판결 이후라도 새로운 증거가 나오면 그 판결을 교정하는 것 또한 정의에 부합하는 일이기도 하다.

그러나 배심재판 제도는 이런 법률적 당위론을 넘어서는 가치를 가진다. 배심재판은 미국 독립선언의 근거가 되기도 하였다. 나의 문제는 나와 나의 동료들이 만든 법에 의해서만 판단되어야 하기에 그들은 배심재판을 박탈한 영국 정부에 반기를 든 것이다. 실제 배심재판의 핵심에는 자기지배와 민주주의의 요청이 자리잡고 있다.

국민과 단절된 채 오로지 법률관료들이 자기들만의 기준과 판단에 따라 구성하는 '그들의 법'이 아니라, 설령 미진하거나 온정적이라 하더라도 우리가 우리들의 법에 따라 내린 판결이 바로 우리의 생활을 규율하는 법이 되어야 한다는 요청이 그것이다.

이런 맥락에서 검찰의 항소는 취하되는 것이 마땅하다. 그것은 국민참여재판제도의 정착에 결코 도움이 되지 않는다. 되레 대구와 청주 두 재판의 미진함이나 미흡함을 비난하는 와중에 이제 갓 싹을 틔운 국민참여재판 자체를 무위로 돌릴 가능성마저 엿보인

다. 사실 온정주의나 심리 · 입증의 미진은 어느 나라의 배심재판이든 나타나기 마련이지만 그렇다고 해서 한번 내려진 배심판결 자체를 항소로 이어지게 하지는 않는다. 오히려 배심재판에 대해서는 원칙적으로 항소할 수 없도록 하고 있다. 법률전문가의 눈에 이런저런 흠결이 보인다 하더라도 보통사람들의, 보통의 법감정에 의한 재판이 법률관료들에 의한 완벽한 재판보다 가치 있다고 보는 것이다.

국민참여재판 제도는 언제나 재판의 대상으로만 자리매김되었던 우리 국민이 자신의 법으로 자신의 눈높이에 맞는 재판을 만들어가는 최초의 사건이다.

그것은 사법의 민주화를 향한 첫걸음이자, 우리 사법체계를 한 단계 업그레이드시키는 발판이기도 하다. 그래서 이 시점에서는 재판을 바로잡기 위한 검찰의 항소보다는 민주적 사법의 기틀을 마련하기 위한 검찰의 눈높이 조정이 더욱 절실해진다. 배심재판의 흠결을 비판하기 앞서 검찰은 보통사람들의 온정주의에 대해 법의 엄정성을 설득할 수 있는 변론 능력, 보통사람들이 제대로 판단할 수 있도록 잘 정리된 공판관리 능력, 보통사람들의 법감정과 유효하게 의사소통할 수 있는 능력을 키워 나가야 한다는 것이다. 그리고 바로 그럴 때 비로소 우리 검찰은 민주사법의 주체로 우뚝 설 수 있을 것이다.

<서울신문> 2008. 3. 6

국민참여재판 시행 현황

직업 법관이 아닌 일반 시민으로 배심원단을 구성하고, 이들 배심원들이 피고인의 유죄여부를 결정하는 국민참여재판이 우리나라에서도 시행되고 있다. 2007년 국회에서 '국민의 형사재판 참여에 관한 법률'이 통과되어 2008년 1월 1일부터 시행되었는데, 실제 첫 국민참여재판은 2월 12일 대구지방법원에서 열렸다.

'국민의 형사재판 참여에 관한 법률'에서 정한 중범죄를 저질렀다고 기소된 피고인이 일반 재판이 아닌 국민참여재판으로 재판을 받겠다고 신청한 경우에만 국민참여재판이 진행된다. 재판이 열리는 지방법원 관할구역에 사는 만 20세 이상의 주민 중에 무작위로 선정된 100~200여명의 시민들에게 배심원 후보자로 출석할 것을 통보한다. 이들 중에 배심원이 될 수 없거나 후보자로 출석할 수 없는 사유가 있는 경우에는 법원에 연락하여 출석을 면제받을 수 있다.

예정된 날짜에 법원에 나온 시민들은 배심원 후보자석에 앉아 배심원 선정절차를 거치게 되는데, 사전에 법관과 검사, 피고인측 변호인이 협의한 배심원단 숫자만큼 배심원으로 뽑힌다. 사건의 특성이나 검사와 변호인의 협의에 따라 배심원은 5명에서 9명까지 가능하고 만일의 경우를 대비해 예비배심원을 1명에서 5명까지 뽑을 수 있다.

2008년 한 해 동안 실시된 국민참여재판은 59건이다. 배심원이 된 시민은 500여 명에 이르고, 배심원 후보자로 법원에 출석한 사람들은 2천여 명 정도다. 전국의 지방법원 중에서 대구지방법원, 부산지방법원, 인천지방법원, 수원지방법원 등은 다른 지역에 비해 많은 재판이 열린 곳인데 이들 법원에서는 2008년 한 해 동안 6~9번 열렸다. 반면에 서울북부지방법원에서는 단 한 번도 열리지 않았으며, 전국에서 가장 많은 재판이 진행되는 서울중앙지방법원에서는 두 번밖에 열리지 않았다.

대법원이 2008년 11월 말까지 재판 이후 배심원들을 상대로 설문조사를 벌인 결과 공판 절차 및 평의 · 평결 절차의 만족도가 상당히 높은 것으로 드러났다. 재판 절차에 대

해서는 77.2%가, 배심원들끼리 피고인의 유죄 여부를 토론하는 '평의'에 대해서는 74.1%가 만족한다고 응답했다. 재판내용을 어느 정도 이해했느냐는 질문에 대해서는 모두 이해했다는 응답이 24.3%, 대부분 이해했다는 응답이 62.4%로 대부분의 배심원이 재판내용을 잘 이해하고 있는 것으로 나타났다. 절반정도 이해했다는 응답은 12.2%, 거의 못했다는 응답은 1.1%에 불과했다. 또 심리에 대부분 집중했다는 응답은 90.5%로 압도적으로 높은 수치를 보였다. 거의 집중하지 못했다는 응답은 한 건도 없었다.

배심원 후보자 출석 통지서를 받은 시민중 30~40여명이 재판 당일 법원에 나와 재판에 필요한 배심원단 숫자의 3~4배 정도였다. 시민들의 참여는 그리 걱정할 수준은 아니었다. 수원지방법원에서 열린 한 국민참여재판에서는 애초 나오기로 한 주요 증인이 재판 당일 출석하지 않아 재판진행에 어려움이 발생했다. 재판장을 맡았던 판사가 배심원들에게 양해를 구해 2주 후에 다시 재판을 열기로 했는데, 배심원으로 참석했던 시민들이 2주후에 모두 재판에 나와 혹시 배심원들이 나오지 않으며 어쩌나 하던 판사의 걱정을 없애준 일도 있었다.

국민참여재판 제도는 2012년까지 시행된 후 5년 동안의 시행 경험을 평가하여 한 차례 손질을 거칠 예정이다. 지금은 배심원단의 평의 결과(평결)에 법관이 반드시 따라야 하는 것은 아니며, 피고인이 신청한 경우, 그리고 살인이나 강도, 성폭력, 방화 등 중범죄 사건만 국민참여재판이 가능한데, 이러한 제도를 유지할 것인지 바꿀 것인지 2012년에 결정된다.

로스쿨, 이번에는 정말 하는가

차병직

변호사 자격과 운전 면허는 무엇이 다를까. 문득 그런 생각이 떠오를 때가 있다. 로스쿨 — 할 수 없이, 순전히 편의상 이렇게 부른다 — 이야기가 나오면서 그랬으니, 벌써 십여 년 전부터다.

로스쿨 이야기가 처음 나온 것은 김영삼 정부가 들어서면서다. 한참 논란이 거듭되다 어느 순간 스러지고 말았다. 김대중 정권이 출범하자 대통령 자문기구인 새교육공동체위원회에서 로스쿨 도입을 건의했다. '법학전문대학원'이란 이름으로 구체적 세부안까지 만들어 제법 뭔가 이루어지는가 했다.

그러나 결과는 그 전과 마찬가지가 되고 말았다. 그러니 이번은 세 번째다. 노무현 정부는 대통령 직속의 교육혁신위원회를 구성한다. 교육부총리가 다시 끄집어낸 법학전문대학원 제도를 실현해 보겠다는 것이다. 그렇다면 이번 시도의 결과는 또 어찌될까.

새 정부가 들어설 때마다 로스쿨 제도를 들먹인다. 그건 결코 유행이 아니다. 필연적인 이유가 있기 때문이다. 로스쿨은 그 자체

로 개혁을 의미한다. 법학 교육 제도의 근본적 개혁을 말하는 것이다. 판사의 자격과 법원 구성의 개혁은 법조일원화로 집약된다. 검찰 개혁과 변호사의 서비스 향상도 그 언저리에 있다. 그리고 그것은 사법연수원 제도나 사법시험 제도와 관련되어 있고, 그 문제의 해결은 법과대학 학제 개편에 달려있다는 것이다. 그래서 개혁을 기치로 내세운 문민정부 때부터 잔뜩 기대를 갖고 문제를 제기하고 밀어붙여 보았던 것이다.

그런데 왜 성공하지 못했을까. 거기에도 일관된 이유가 있다. 몇 가지 이유를 댈 수 있겠지만, 가장 큰 벽은 법조계의 반발이었다. 기존 법조인들이 크게 저항한 것은, 오직 변호사 수가 급작스럽게 늘어나는 것이 두려웠기 때문이다. 주변의 갑남을녀가 사법시험에 응시하고 장삼이사가 변호사 배지를 단다는 사실이, 두렵기뿐만 아니라 싫기도 하고 경악스럽기조차 한 것이다. 그 까닭은 새삼 늘어놓지 않더라도 누구도 짐작할 터이다.

그럼에도 불구하고 또 로스쿨 이야기가 시작된다. 이렇게 거듭하는 것도 따지고 보면 당연하다. 그 필요성이 여전하기 때문이다. 그리고 한 번도 개혁에 성공하지 못했기 때문이다. 이제 법학 교육 제도 개혁이라 하면 바로 로스쿨을 어떤 형태로 채택할 것이냐 하는 것으로 요약된다.

개혁은 그 내재적 필연성만 유지하고 있다면 언젠가 이루어질 수밖에 없다. 처음에 반대하던 사람들과 개혁을 급작스럽게 서두르려던 사람들이 합의점을 찾게 마련이다. 이번에 다시 진행되는 로스쿨 도입 논의에서 그런 분위기를 느낀다. 그동안 10년 이상의 세월을 서로 반대하고 견제하던 세력들이, 어느새 서서히 서로 화해할 지점들을 발견하고 있는 것이다.

이야기가 처음 시작되던 시점과 비교하면, 사법시험 합격자 수도 어언 세 배가 넘었다. 그것이 다시 두세 배 더 는다고 큰 혼란이 생기는 건 아니다. 이제 기존 법조계도 억지로 수를 제한함으로써 계급적 지위와 이익을 누려 보겠다는 생각은 계속하지 않을 것이다. 변호사 자격을 가진 사람과 변호사 개업을 하는 사람은 다르다. 최소한의 질서는 직업 윤리 제도로 유지할 수밖에 없다.

한 가지 안타까운 것은, 지난 십여 년 동안 제도 실현에 도움이 될 실질적 연구와 논의를 충분히 하지 못했다는 사실이다. 당장 공과대학부터 음악 미술대학까지 다양한 학부 출신들의 지원을 받아, 법과전문대학원의 입학 시험을 어떻게 공정하고 공평하게 치러낼 수 있을지 걱정이 아닐 수 없다. 우리는 그동안 우선 로스쿨이란 이름과 형식에 대한 거부감을 없애는 데 급급했던 느낌이다. 그 사이 일본에서는 논의 시작 삼 년만에 구체적 방안을 확정해 버리지 않았던가.

우리도 이제는 양상이 다르다. 당장 대법원이 연초에 로스쿨 도입을 사법제도 개혁 방안의 하나로 발표했다. 그리고 이번 주말 그 문제를 주제로 공개 토론회를 연다. 만약 로스쿨이 만들어진다면, 뒤이은 사법 제도 개혁도 불가피하게 계속될 수밖에 없다. 그러니 이번에는 뭔가 결실을 거두어야 한다.

그래서 생각해 봤던 것인데, 솔직히 자격증이란 점에서 변호사가 가진 것과 운전하는 사람이 가진 것은 다를 것이 없다. 누구든지 원하는 사람은 일정한 과정을 거쳐 시험만 통과하면 얻을 수 있는 것이 자격증이다. 그 절차나 난이도가 좀 다를 뿐이다. 그렇게 생각할 수 있어야 백 년의 사법 제도에서 개혁 하나 이뤄낼 수 있다. 질적 차이는, 오직 특정 자격 소지자로 구성된 전문 직업인의 노력에 따른 충실한 서비스와 직업 윤리 확보에 따라 가능할 뿐이다.

〈오마이뉴스〉 2003. 7. 22

로스쿨은 법조를 위한 것이 아니다

김창록

법학전문대학원(로스쿨)의 총 입학정원을 둘러싼 혼란상이 극한으로 치닫고 있다. 지난 17일에 교육인적자원부장관이 "2009년 1천500명으로 시작해서 2013년에 2천 명까지 늘리겠다."고 국회 교육위에 보고했다가, 거센 질타를 받은 끝에 다시 보고하기로 하는 사태가 벌어졌다.

그 후 법학교수와 대학총장과 시민단체와 언론의 비난은 갈수록 거세지고 있는데 정부는 재보고를 둘러싸고 갈팡질팡하고 있다. "수정하지 않겠다."고 하더니 금세 "첫해 총 정원을 100~400명가량 늘리는 방안을 적극 추진하고 있다."고 언론에 흘리기도 한다. 왜 100명이며 왜 400명인가? 애당초 왜 1천500명이며 왜 2천명인가? 법률가 양성제도의 기본틀을 획기적으로 바꾸겠다며 도입하는 로스쿨의 총 입학정원이 무슨 떨이판의 흥정감이라도 된다는 말인가?

문제는 숫자의 '미세조정'이 아니다. 국가가 나서서 변호사 숫

자를 통제하겠다고 하는 잘못된 생각이야말로 문제의 핵심이다. 교육부의 보고를 압축하면 '변호사 숫자와 직결되는 로스쿨 총 입학정원을 적은 수로 통제하지 않으면 변호사의 형편이 지금보다 어려워진다.'는 것이다. 하지만 변호사 자격증은 하나의 자격증에 불과하다. 자격증은 일정한 요건을 갖추었다는 사실을 증명하는 것일 뿐이다. 국가가 숫자를 통제해서 변호사 자격증 소지자의 고수입까지 보장해주어야 할 이유는 어디에도 없는 것이다.

'법률에서 총 입학정원을 정하도록 되어 있지 않느냐.'고 반박할 것인가? 과연 법률에는 교육인적자원부장관이 '국민에 대한 법률서비스의 원활한 제공 및 법조인의 수급상황 등'을 고려해서 총 입학정원을 정한다고 되어 있다. 하지만 법률의 어디에도 그것이 '상한'이어야 한다고 규정되어 있지 않으며, 그것을 '미리' 정해야 한다고도 규정되어 있지 않다.

총 입학정원을 상한으로서 정하게 되면 그것은 위헌이다. 변호사가 되고자 하는 사람들의 직업선택의 자유와 법률가 양성 교육을 하고자 하는 대학의 자치를 심각하게 침해하기 때문이다. 총 입학정원은 "국민에 대한 법률서비스의 원활한 제공"이 이루어질 수 있도록, 다시 말해 국민 누구나가 변호사 사무실의 문턱을 쉽게 넘을 수 있도록 하기 위해 필요한 최소한의 하한으로서 정할 때에만 합헌이 될 수 있는 것이다.

총 입학정원을 합리적인 근거가 마련되기 전에 미리 정해서도 안 된다. 아직 인가 신청도 받지 않은 상태이며 게다가 인가기준조

차도 확정되어 있지 않다. 기준도 정하지 않고서 신청도 받아보지 않고서 도대체 무슨 수로 인가해 줄 숫자부터 정한다는 말인가? 세상 일에는 다 순서가 있는 법이다. 더더구나 합리성을 생명으로 하는 법을 가르치는 교육기관에 관한 일이다. 순리대로 하는 것이 맞다.

이쯤에서 '그러면 인가받는 로스쿨이 너무 많아져서 일본처럼 문제가 된다.'라는 반박이 나올 법하다. 일본의 로스쿨에 문제가 있는 것은 사실이다. 가장 큰 문제는 그 졸업생의 신사법시험 합격률이 40%대이며 앞으로 더 떨어질지도 모른다는 것이다. 그러다 보니 학생들이 시험에만 매달리면서 수업은 등한시하고 있다는 것이다.

하지만 그렇게 된 것은 일본 정부가 로스쿨을 너무 많이 인가해 주었기 때문이 아니라, 로스쿨을 도입하면서 그것과 충돌하는 정원제 사법시험을 버리지 않았기 때문이다. 이것은 변호사 숫자가 늘어난다고 반발하는 법조와 타협한 결과이며, 일본 사회는 지금 그 잘못된 타협의 대가를 치르고 있는 것이다. 따라서 일본의 경험에서 배워야 하는 것은, 숫자를 미리 통제해야 한다는 것이 아니라 로스쿨을 도입하는 이상 숫자 통제라는 악습은 처음부터 버리지 않으면 안 된다는 것이다.

일본의 경험과 관련해서 또 하나 주목해야 할 것은, 일본의 법조가 2010년에 3천 명으로 예정된 신사법시험 선발인원도 많다며 줄여야 한다고 주장하고 있는 데 대해, 한국의 교육인적자원부에 해당하는 문부성은 '로스쿨 교육 정상화를 위해 대폭 늘려야 한다.'며 맞서고 있다는 사실이다. 일본의 교육담당 정부부서는 적어도 '법조'가 아니라 '교육'을 위해 일하고 있는 것이다.

변호사는 '사회생활상의 의사'이다. 몸이 아프면 동네 의원을 찾아갈 수 있는 것처럼, 사회생활에서 문제가 생기면 언제든지 바로 근처에 있는 변호사 사무실을 찾아갈 수 있어야 한다. 그렇게 만들기 위해서라도 로스쿨 총 입학정원은 합리적인 근거와 절차에 따라 '국민'에게 필요한 최소한의 하한으로서 정해야 하는 것이다.

〈매일신문〉 2007. 10. 23

변호사 독점체제 끝내야 한다

한상희

변호사시험은 '자격시험' 성격으로 바뀌어야

우리 법체계는 그동안 판·검사, 변호사로 이루어진 법조관료들이 강력한 법권력을 구축하면서 국민 위에 군림하는 체제를 이루어왔다. 국가가 법률가의 양성과 충원까지 도맡아 처리하면서 고객과 시민사회에 봉사하는 법률전문가가 아니라 국가에만 충실한 법조인을 키워왔을 뿐이었다. 그리고 이런 파행은 법학교육마저 사법시험에 종속시키고 '고시 낭인'과 '신림동 고시촌'으로 대변되는 한탕주의식 출세지상주의의 교육풍토까지 만들었다.

　이제 본격적인 시행을 앞두고 있는 로스쿨 제도는 이런 문제를 극복하는 한편, 현대사회가 제기하는 다양한 법률서비스 수요들을 효율적으로 감당하기 위한 장치로 도입되었다. 로스쿨법이 밝히고 있듯 '풍부한 교양, 인간 및 사회에 대한 깊은 이해와 자유·평등·정의를 지향하는 가치관을 바탕으로 건전한 직업윤리관과 복잡다

기한 법적 분쟁을 전문적·효율적으로 해결할 수 있는 지식 및 능력을 갖춘 법조인'을 양성하고 이들로 하여금 국민의 다양한 기대와 요청에 부응하는 양질의 법률서비스를 제공하도록 함을 그 목적으로 하는 것이다.

실제 그동안 이런 목표의 달성을 위해 사법시험을 변호사자격시험으로 전환하여 시험이 아니라 교육을 통해 법률가를 양성할 것, 다양한 전공을 이수한 자들이 변호사가 될 수 있게 하며, 법조윤리와 법기술에 관한 교육을 강화하고 법률실습의 기회를 확충할 것, 이를 위해 보다 강화된 인적·물적 교육시설기준을 갖출 것 등이 요구되기도 하였다.

하지만 이런 목표는 초기부터 흔들렸다. 세계적으로 유례없는 총입학정원제가 가장 큰 원인이다. 2000명의 총입학정원은 이미 형성되어 있는 변호사들의 독점체제를 그대로 유지함으로써 고객에 봉사하는 법률가가 아니라 앉아서 군림하는 법조귀족을 양산하기에 충분하다. 아울러 이는 로스쿨간의 경쟁을 완화시킴으로써 교육혁신은커녕 기존의 수험법학·교과서법학의 수준에 안주하는 직무유기조차 방임해버린다.

변호사자격요건의 문제는 또 다른 요인이 된다. 실제 로스쿨제도는 사법시험이라는 '점'에 의한 '선발'이 아니라 법학교육이라는 '선'에 의한 '양성'을 지향한다. 그래서 변호사시험은 일본의 신사법시험처럼 어려운 문제를 출제하고 상대평가로 떨어뜨리기 위한 시험이 아니라, 법률가로서의 최소한의 지식과 기술, 윤리를 갖추었는지의 여부만을 판별하는 자격시험으로 자리매김되어야 한다. 그래서 로스쿨간의 경쟁은 변호사시험의 합격률이 아니라 졸업생들의 취업과 진로, 보다 장기적으로는 그들의 (법조)사회에서의 명망에 의하여 결정될 수 있도록 하여야 한다.

한마디로 제대로 된 변호사의 양성은 로스쿨에 맡기고 변호사시험은 단순히 그 교육의 결과만을 확인하는 수준에 그쳐야 한다. 하지만 문제는 현재 법무부가 추진하고 있는 변호사시험법안이다. 아직은 내용이 공개되지 않아 예단하기 어렵지만, 만약 그것이 현행 사법시험의 틀을 벗어나지 못하거나 혹은 일본의 신사법시험을 모방하는 형태로 정해진다면 이는 가뜩이나 혼란에 빠진 로스쿨제도를 초토화시키는 것이 되고 만다. 사법시험이 법학교육을 망쳐놓았던 그 과오를 그대로 반복할 것이기 때문이다. 동시에 로스쿨을 계기로 어렵사리 확보한 사법개혁의 가능성 또한 그대로 소멸해 버리고 말 것이다.

우리 사회에서 로스쿨제도가 가지는 의미는 적지 않다. 그것은 권위주의 체제의 출범과 함께 등장한 사법시험-사법연수원이라는 관료법조체계를 떨쳐버림을 의미한다. 혹은 후기산업화사회에 접어든 우리 사회가 요구하는 다양하고도 다원적인 법률서비스를 보다 적극적이고 능동적으로 제공하기 위한 방책이기도 하다. 문제는 이런 민주화와 산업화의 추세를 거역하고자 하는 기득권세력의 저항이다. 실제 그 저항의 주체는 기존의 법조인집단일 수도 있고 기존의 법학교수집단일 수도 있고 심지어 기존의 학벌집단일 수도

있다. 하지만 그 저항세력이 누구든 이미 길은 시작되었다. 기득권 세력의 저항에도 불구하고 보다 적극적이고 보다 능동적인 개혁의 의지와 그것을 앞서 실천하는 자기희생으로 이 길을 열어나가야 한다는 시대적 소명만이 남아 있는 것이다.

<한국대학신문> 2008. 5. 26

로스쿨의 꿈

● 김창록

작년 7월 '법학전문대학원 설치운영에 관한 법률'이 제정된 이후 로스쿨 출범을 위한 준비가 숨가쁘게 진행되고 있다. 10월에 총 입학정원이 결정되고 설치기준이 발표되었으며, 11월 말까지 대학들이 인가 신청을 했고, 법학교육위원회의 심사를 거쳐 올해 2월에 예비인가 결과가 발표되었다. 오는 9월에 본인가가 이루어지면, 10월부터 입시를 실시해서 내년 3월에 로스쿨의 문을 열게 된다.

되돌아보면 우여곡절의 연속이었다. 총 입학정원을 둘러싼 격렬한 논란 때문에 교육인적자원부 장관은 두 차례나 국회에 보고를 해야 했다. 자신의 출신지 대학에도 예비인가를 해야 한다는 대통령의 뜻을 관철하지 못한 교육부 장관의 사직서는, 대통령의 임기가 20여일밖에 남지 않은 상황에서도 전격적으로 수리되었다. A4용지 500매에 달하는 신청서와 그 몇 배에 이르는 비치자료를 한 달 만에 작성하기 위해 법학교수들은 철야작업을 해야 했다. 예비인가 결과에 대해 탈락한 대학의 총장·교수·학생들이 연일

교육부 건물 앞에서 시위를 벌였고, 무려 50여건의 소송이 제기되었다.

이 많은 우여곡절을 감수하면서까지 로스쿨을 도입해야 하는 가? 이 질문에 대한 대답은 로스쿨의 원점으로 되돌아가서 찾지 않으면 안 된다. 로스쿨의 원점은, 사법시험을 통한 암기 능력 테스트와 사법연수를 통한 법정 기술 전수로는 21세기의 대내외적 수요에 부응할 수 있는 법률가를 길러내지 못한다는 위기의식이었다.

우선 대외적으로, 국가적 위기를 불러온 'IMF사태'가 미국 변호사의 손끝에서 좌지우지되는 것을 이미 목격했다. 한국의 법률가들은 나라 안팎에서 그들과 정면승부를 하면서 국가적 이익을 지켜내지 않으면 안 된다. 그리고 대내적으로도, 권위주의정권의 억압적 지배가 물러난 공간을 채울 수 있는 것은 법의 지배밖에 없다. 문제가 생기면 거리로 뛰쳐나가던 국민들이 법원으로 헌법재판소로 몰려가 문제 해결을 호소하고 있다. 감히 범접할 수 없는 '영도자'였던 대통령의 자리조차 9명의 헌재 재판관의 법적 판단에 맡겨지는 시대가 되었다. 체계적인 법학교육을 통해 그러한 대내외의 수요에 부응할 수 있는 새로운 엘리트를 길러내기 위해 도입된 것이 바로 로스쿨인 것이다.

하지만 현실은 사뭇 각박하다. 법률가 양성이라는 국가적 과제를 위한 시스템을 새롭게 만들어내야 하는데도 정부의 지원은 미미하기만 하다. 일본에서는 로스쿨 출범 첫해인 2004년부터 매년

170억원 이상이 지원되고 있는 교재개발비로 한국 정부가 책정한 예산은 올해와 내년에 각각 5억원이 전부이다. 자신의 구성원을 양성하는 일임에도 법원·검찰·변호사단체로부터의 지원은 전무하다. 일본과는 달리 판·검사 파견제도도 없고 실무교육에 대한 지원도 없다. 오히려 대한변협은 변호사 등록을 위해 변호사시험 합격 후에도 2년간의 수습을 거치도록 해야 한다고 갑작스럽게 주장하고 나서서 법학적성시험 응시자수를 예상을 훨씬 밑도는 수준으로 떨어뜨려 놓기까지 했다.

게다가 이 정부에 들어서 로스쿨의 꿈은 더 멀어지고 있는 듯이 보이기도 한다. 경찰과 검찰의 법해석은 불법의 위험지대를 수시로 넘나들고 있다. 그런데도 홈페이지에 "언제나 국민 곁"에서 "인권옹호"를 하겠다고 내걸고 있는 대한변협은 해괴하게도 촛불을 든 국민들에 대해 엄정하게 대처하라는 성명을 발표했다. 당대표와 원내대표부터 법률가들이 줄줄이 늘어서 있는 여당은 '대통령의 법과 질서'를 묵묵히 따라가고만 있다. 민주적이지도 정의롭지도 않았기에 '육법당'이라는 별명이 더 어울렸던 '민주정의'당 시절, 육사 출신 군인 정치인들의 뒤를 봐주던 법률가 정치인들의 모습이 겹쳐져 떠오를 지경이다.

'그래서' 로스쿨의 꿈은 더욱 간절해진다. 권력의 창이 아니라 국민의 방패가 되는 법률가, 법을 비트는 것을 가장 큰 죄악으로 여기는 법률가, 시대의 요구를 읽어낼 줄 알고 역사가 무서운 줄 아는 법률가, 사회의 구석구석을 챙길 줄 아는 법률가, 자기직역의 재생산을 위해 책임을 다하는 법률가, 이런 법률가를 길러내기 위해 로스쿨에서 더 철저하게 가르쳐야겠다. 현실이 각박할수록 꿈은 더욱 단단하게 여무는 법이다.

〈매일신문〉 2008. 8. 26

떼법은 **없다** ▓ 벼랑 끝에 몰린 법치와 인권 구하기

1판 1쇄 인쇄 2009년 3월 25일
1판 1쇄 발행 2009년 4월 1일

기획 참여연대(박근용 · 이진영 · 명광복)
지은이 김창록 · 박경신 · 임지봉 · 조국 · 차병직 · 하태훈 · 한상희
사진 이영동 · 연합뉴스
펴낸곳 해피스토리
펴낸이 윤재설
디자인 김미정 · 김계남
출력 경운출력
종이 · 인쇄 갑우문화사

당신의 이야기가 곧 역사입니다.
해ㅍi스토리

주소 110-871 서울시 종로구 내수동 71 경희궁의아침 2단지 1215호
전화 (02) 730-8337
팩스 (02) 730-8332
홈페이지 www.happistory.com
전자우편 happistory12@naver.com

ISBN 978-89-93225-17-4
정가 10,000원

* 잘못된 책은 바꾸어 드립니다.